La economía de Sonora

Una propuesta con visión de largo plazo

Luis Núñez Noriega

CIAD

PLAZA Y VALDES
P Y V
EDITORES

Primera edición: abril de 2010

Portada: Gloria Guadalupe Barrios Miranda

ISBN: 978-607-7900-00-9 (Centro de Investigación en Alimentación y Desarrollo A. C.)
ISBN: 978-607-402-211-7 (Plaza y Valdés)

Impreso en México

Prólogo

La primera crisis internacional del siglo XXI cuestiona el modelo de crecimiento y de desarrollo de las economías capitalistas del mundo. El papel del Estado en la economía, la regulación y la inversión pública, entre otros temas, vuelven a cobrar importancia después de décadas de relegarse al cajón de los recuerdos. Los enfoques teóricos y los modelos de crecimiento, aun cuando incorporan variables como el conocimiento y la innovación, reconocen que la economía de libre mercado requiere de un estado que vigile y actúe para propiciar la redistribución de la riqueza generada, a fin de garantizar un desarrollo económico y social incluyente, consensado y democrático.

A estos cambios se suman las amenazas y las oportunidades implícitas en la globalización económica, en un contexto internacional de creciente apertura externa, desregulación financiera, atracción de inversiones, así como de la manifiesta conformación de bloques geoeconómicos orientados a enfrentar las mayores exigencias competitivas de los mercados y las recurrentes prácticas de neoproteccionismo. En este proceso asume un papel trascendental la incorporación de innovaciones tecnológicas y organizativas que amplían el horizonte competitivo de las unidades productivas y promueven el surgimiento de nuevas áreas de oportunidad económica y el agotamiento de otras.

En México, después de un largo periodo de franco estancamiento, la crisis económica global ha impactado de manera severa al país y lo ha colocado entre las naciones que más decrecerán en el mundo. Ante tal realidad, enfrentamos un doble reto: salir lo más pronto posible de la crisis, pero al mismo tiempo sentar las bases de un nuevo ciclo de desarrollo que nos permita volver a crecer. Más allá del ajuste de las finanzas públicas, se requiere definir qué país queremos ser y el rumbo que debemos seguir. Se trata de cambiar, no para seguir igual, sino para recuperar el desarrollo y el empleo y acabar con la lacerante desigualdad.

La reflexión sobre el qué hacer para definir ese rumbo del país se enriquece con los enfoques de los estados y regiones que conforman el amplio panorama de la República Mexicana. Por eso esta obra del Dr. Luis Núñez Noriega, economista e investigador reconocido por sus trabajos sobre desarrollo de las regiones de Sonora, plantea un ejercicio muy útil para entender el papel de las economías locales en el nuevo contexto nacional y global. Lo define con claridad el objetivo que se propone: "Integrar una propuesta de desarrollo para Sonora conjugando el modelo de economía del conocimiento aplicado al desarrollo local que permita al gobierno estatal promover una gestión que aproveche las oportunidades de la globalidad, fortaleciéndose con las capacidades locales, que reorganice la producción en clusters y potencie las oportunidades regionales fomentando los liderazgos económicos, sociales y políticos para impulsar un programa de desarrollo económico viable, sistémico y sustentable con una visión de largo plazo y con estrategias que promuevan una amplia participación social".

En este libro el lector podrá encontrar propuestas de programas y acciones estratégicas que, con una visión de largo plazo, potencien las capacidades de desarrollo de la entidad, coadyuvando a la competitividad y la productividad y, al mismo tiempo, contribuyendo a aumentar el bienestar social. El autor plantea también políticas económicas que pueden contribuir a atraer inversiones externas, pero que establezcan encadenamientos con empresas locales, fortaleciendo su inserción en las grandes cadenas internacionales. Se plantean políticas que contribuyan a generar una creciente riqueza económica con impactos positivos en el desarrollo social, o como lo escribe el propio autor: "políticas que se sustenten en la macroeconomía para producir sinergias en la microeconomía, en la rentabilidad de la empresa y en los ingresos de las familias".

En la actualidad es importante reflexionar sobre los vaivenes de la economía nacional y las economías de las entidades federativas, pero es más importante actuar para dar los resultados que la población espera. Y actuar implica comprometerse e invertir, particularmente en educación y en mejorar las capacidades humanas, en generar empleos, en combatir la pobreza y la marginación, en desarrollar la infraestructura regional, en impulsar la vocación productiva de las regiones, en desarrollar los cluster productivos, en impulsar la investigación científica, tecnológica y las innovaciones, en fomentar la cultura empresarial y en respetar el medio ambiente.

Estos son los desafíos de México y Sonora, y esos son los temas que aborda el autor en este nuevo libro. Temas vigentes, latentes, con propuestas enmarcadas bajo una visión de largo plazo que visualizan a una entidad con fortalezas y oportunidades frente a los retos de la globalización y la mayor competitividad. Celebramos este esfuerzo del Dr. Luis Núñez Noriega que, en palabras del propio autor, "nos permita redoblar esfuerzos, trabajar con inteligencia y planear con sabiduría el futuro".

Lic. Manlio Fabio Beltrones Rivera

Agradecimientos

Es imposible dejar de agradecer a quienes contribuyeron a crear las condiciones propicias para publicar este libro. Al Dr. Ramón Pacheco Aguilar, Director General del CIAD, por su permanente apoyo, convicción y confianza. Al Dr. Guillermo Núñez Noriega, que con su aguda visión de la realidad sonorense aportó elementos valiosos para una discusión más profunda en temas de equidad, educación, marginación y pobreza. A mis colegas economistas y amigos que dedicaron tiempo valioso para revisar el documento cuidadosamente y lo mejoraron sustancialmente con su experiencia: Dr. Vidal Salazar Solano, Dra. Alba Celina Soto Soto y Dr. Luis Huesca Reynoso. Agradezco a mis compañeras Aída Espinoza Curiel, Denia Huez Acuña, Marovi Cortez Guzmán, así como a Pascual Mora, por su paciencia para realizar los trabajos de revisión, corrección, edición y formato del documento. A la M. C. Georgina Hernández Watanabe por su profesionalismo y finas atenciones en el trabajo de oficina, librándome frecuentemente de las ataduras cotidianas de las labores administrativas. Y, finalmente, no puedo dejar de agradecer a mis padres y hermanos y a mi esposa e hijos por su comprensión, apoyo y dedicación y por concederme el espacio, el tiempo y el estímulo necesario para dar lo mejor de mí. A todos ellos, y a quienes no incluí pero saben que están siempre presentes, muchas gracias.

Luis Núñez Noriega

Índice

Introducción

Desde mediados del siglo pasado México ha pasado por varias crisis económicas que han provocado una importante inestabilidad macroeconómica: inflación, desempleo, altas tasas de interés, devaluaciones del tipo de cambio, reducido o nulo crecimiento económico y una distribución desigual del ingreso. Esta inestabilidad se ha traducido en una caída en los niveles de ingreso y de bienestar social, en una sustancial reducción de la capacidad adquisitiva y en una acentuación de la pobreza y la marginación, con lo que se ha profundizado la desigualdad entre sectores y entre regiones.

Este desempeño de la economía mexicana ha causado un desarrollo insuficiente en las entidades federativas, por lo que ni los mejores esfuerzos por impulsar políticas económicas favorables han permitido alcanzar resultados satisfactorios. Sin embargo, la integración de determinadas economías estatales a los mercados internacionales, como Nuevo León, el Estado de México y el propio Distrito Federal, ha servido de válvula de escape para atenuar los efectos de algunas variables sobre la población en algunas regiones del país.

Un elemento que nos habla de la integración de economías estatales a mercados internacionales es la participación de la industria maquiladora de exportación, que aun cuando no es un sector que se integra a la economía, ha contribuido a la creación de empleos, ha incentivado el consumo y ha orientado la educación tecnológica, con lo que ha favorecido el desarrollo de la población de algunas entidades fronterizas. Otra manifestación de esta integración ha sido el crecimiento de sectores comerciales y de servicios en apoyo a las exportaciones, lo cual ha generado oportunidades en los estados que son paso obligado de mercancías, como sucede con Sonora. Lo anterior se desprende de las alianzas estratégicas en áreas de oportunidad como la agricultura, para beneficio mutuo de economías tan desiguales como la de Sonora y la norteamericana, pero igualmente complementarias, pues su integración satisface necesidades en tiempos y costos, con lo que se crea la riqueza económica y se generan los empleos que han mitigado los efectos de las crisis de nuestro país.

A pesar de las adversidades macroeconómicas, en Sonora desde el año 2003 se ha logrado una buena gestión del desarrollo económico, gracias en parte a la capacidad para promover acuerdos y consensos que se traducen en mayores inversiones, así como para crear un clima favorable para la generación de empleos, impulsar a las pequeñas y medianas empresas y, en general, para potenciar las capacidades productivas de la entidad. Es el caso de la gestión para la expansión de la empresa armadora de vehículos Ford y la atracción de empresas proveedoras de partes que se instalaron en Hermosillo, así como del programa de fortalecimiento de proveedores para empresas que trabajan con Ford. También es el caso de las alianzas que se han generado entre grandes empresas agrícolas norteamericanas que establecen contratos con agricultores sonorenses, así como en actividades de pesca, servicios y comercio.

El camino por recorrer es muy largo, ya que, no obstante los avances, aún prevalecen rezagos y diferencias entre sectores y entre regiones al interior del estado. Estas diferencias deben de ser la motivación principal para profundizar los cambios y para diseñar e instrumentar políticas económicas que impacten favorablemente en los sectores con más posibilidades de desarrollarse, tales como: 1) acciones estratégicas que agreguen valor a la producción primaria; 2) programas de gobierno que reduzcan y eliminen la pobreza y la marginación, combinando el asistencialismo social con esquemas de incrementos a la productividad; 3) políticas económicas que propicien una integración de las cadenas de valor, apoyándose en los desarrollos científicos y tecnológicos y en las innovaciones de los investigadores locales, conocedores de la problemática estatal.

En este trabajo se plasma una propuesta apoyada en investigaciones realizadas en el Centro de Investigación en Alimentación y Desarrollo (CIAD) en temas de la economía estatal, derivada de investigación de campo, estudios de gabinete y encuentros y consultas con líderes empresariales, sociales, educativos y sindicales y con agricultores, ganaderos, científicos, funcionarios públicos y políticos. Estas investigaciones han permitido posicionar al CIAD como una institución reconocida por su conocimiento amplio y profundo sobre la realidad económica de Sonora.

En la elaboración de este trabajo se han rescatado las mejores propuestas, siempre bajo la premisa de que la economía estatal depende en gran medida del entorno macroeconómico nacional y los vaivenes de la economía internacional, en particular de la economía norteamericana, por su estrecha relación comercial y de dependencia. Sin embargo, se debe soslayar la importancia de que en nuestra economía, aun cuando está altamente condicionada por el entorno, no dejan de tener efecto las transformaciones producto de nuestra creatividad.

El objetivo de este documento es integrar una propuesta de desarrollo para Sonora, conjugando el modelo de economía del conocimiento aplicado al desarrollo local, que permita al gobierno estatal promover una gestión que aproveche las oportunidades de la globalidad, al tiempo que se fortalece con las capacidades locales, que reorganice la producción en clusters, potencie las oportunidades regionales y fomente los liderazgos económicos, sociales y políticos para impulsar un programa de desarrollo económico viable, sistémico y sustentable con una visión de largo plazo y con estrategias que promuevan una amplia participación social.

Este trabajo no pretende ser un tratado de la economía sonorense; es, más bien, una síntesis de propuestas de trabajo en materia económica, de acciones estratégicas, de políticas y programas que puedan impulsarse. Es el reconocimiento a los rezagos que aún prevalecen y están más allá de las voluntades de los gobernantes porque obedecen a inercias macroeconómicas, pero que se pueden mitigar con políticas precisas, con acciones concretas y con programas visionarios que, procurando resultados inmediatos, fortalezcan a Sonora en el largo plazo; políticas económicas que permitan incrementar la competitividad y al mismo tiempo reducir la pobreza y la marginación.

Es necesario promover acciones estratégicas que coadyuven en la asistencia a las familias y grupos vulnerables de la sociedad como los niños, ancianos y grupos étnicos, pero que generen una productividad creciente para sobrellevar las transferencias a los más necesitados. Políticas económicas que incentiven la atracción de inversiones externas, pero que establezcan encadenamientos con empresas locales, a fin de fortalecer su inserción en las grandes cadenas internacionales. Políticas que generen una creciente riqueza económica, pero que esté acompañada de un desarrollo equilibrado, promotor del bienestar social. Políticas que se sustenten en la macroeconomía para producir sinergias en la microeconomía, en la rentabilidad de la empresa y en los ingresos de las familias.

El documento aquí presentado se sustenta en las metodologías utilizadas por investigadores adscritos al Departamento de Economía Regional e Integración Internacional del Centro de Investigación en Alimentación y Desarrollo y en diversas investigaciones económicas llevadas a cabo en la entidad, tales como: la aplicación de la Matriz de Análisis de Políticas, del Dr. Erik Monke, aplicadas al campo sonorense, y la Planeación Estratégica Participativa aplicada a estudios de gran visión en varias regiones y municipios sonorenses y validadas en otras entidades federativas; los análisis de competitividad bajo la metodología de Michael Porter aplicada en el análisis de productos regionales con potencial de industrialización, así como los estudios de pobreza y marginación con metodologías diversas e investigaciones bajo enfoques de desarrollo local y análisis de clusters y estudios de cadenas productivas y de valor.

Este trabajo inicia reconociendo una gestión decidida en materia de generación de empleos en los últimos seis años, una política que ha promovido la atracción de inversiones en polos de desarrollo importantes para Sonora, particularmente en el sector turístico y en el sector de las manufacturas diversas, y que ha invertido en obra pública. Hay que recordar también que la administración 2003-2006 del gobierno estatal ha invertido recursos importantes en la ampliación de la infraestructura de comunicación (caminos, carreteras, parques industriales, puentes, etcétera) y en otros rubros que favorecen la competitividad de la entidad, aun cuando quedan pendientes proyectos con una visión de largo plazo como la desaladora para proveer agua a Hermosillo, el ciberpuerto fronterizo y el puerto de altura de Guaymas.

Sonora es un estado con enormes fortalezas y oportunidades, pero en el que también prevalecen rezagos y dificultades que son necesarios corregir. En un esquema en el que las entidades federativas contienden abiertamente por atraer presupuestos, Sonora tiene que hacer frente a la competencia por disponer de mayores recursos de la federación. El gobierno estatal debe hacer un esfuerzo para posicionar mejor a la entidad frente a los demás estados fronterizos del norte de México en materia de atracción de inversiones y en políticas que incentiven la competitividad pero también en políticas que generen mayor bienestar para la población fronteriza y den certidumbre jurídica a las inversiones.

El gobierno estatal debe también promover un desarrollo intrarregional más balanceado, más equilibrado, en el que las áreas serranas o las regiones indígenas se incorporen a esquemas de desarrollo e innovaciones tecnológicas y sus economías se beneficien de las oportunidades que generan los esquemas de valor agregado a la producción primaria. Es necesario impulsar un programa de industrialización de la sierra sonorense en base a su vocación productiva y a su dotación de recursos. La minería, la ganadería y la agricultura deben encadenarse bajo esquemas de mayor valor para potenciar a escala industrial las capacidades productivas.

Para los sonorenses ese es un reto: detectar las oportunidades, conocer las capacidades y reimpulsarlas bajo políticas económicas que abran nuevos espacios a la creatividad y a la inventiva. Es necesario promover políticas públicas que incentiven a las etnias a tomar su rumbo para desarrollarse, beneficiándose de sus propias capacidades productivas y organizativas.

Lograr lo anterior requiere, sin duda, de recursos extraordinarios que sólo podremos obtener si alcanzamos tasas de crecimiento del Producto Interno Bruto Estatal (PIBE) de 8% anual, a efecto de abatir rezagos y superar las necesidades apremiantes. Esta tasa de crecimiento del PIBE sostenida por diez años consecutivos posicionaría a Sonora como la entidad de mayor crecimiento. Nada de esto se logra si no se invierte en educación tecnológica de clase mundial y en mejorar las capacidades humanas.

Los pesimistas argumentarían lo imposible de lograr tasas de crecimiento de esa magnitud, pero la experiencia nos indica que sí es posible obtener un crecimiento sostenido de la economía con tasas altas cuando confluyen voluntades sociales, cuando se generan los consensos políticos, cuando se fomentan los liderazgos, cuando se define un modelo y un rumbo y cuando el gobierno se convierte en un facilitador para el óptimo funcionamiento de la empresa, así como cuando se priorizan las políticas económicas y se alinean los objetivos macro y microeconómicos para lograr una operación eficiente de la economía.

En una propuesta económica con visión de largo plazo es importante dejar de plantearse como objetivos de política económica tasas de crecimiento del PIBE moderadas ante el miedo de desequilibrar las finanzas públicas o ante el temor de las crisis devaluatorias, inflacionarias o deficitarias. Es necesario tomar acción y llamar la atención sobre los elementos de política económica que nos lleven a un crecimiento continuo, que permitan generar riqueza y los empleos necesarios y que aumenten el poder adquisitivo y el bienestar de la población.

Para alcanzar el objetivo de un crecimiento con estabilidad en el largo plazo es importante reducir los impactos de los desequilibrios internos o externos en la economía estatal. Y para ello son condiciones indispensables los programas y proyectos económicos que prioricen:

1. La creación de empleos en cantidad suficiente para absorber la oferta anual y los rezagos.
2. El combate a la pobreza y la marginación para reducir y eliminar la pobreza alimentaria, de capacidades y de patrimonio.
3. El incremento de equipamiento y desarrollo de infraestructura regional para aumentar la competitividad.
4. El impulso a la vocación productiva de las regiones para generar sinergias económicas que generen nuevas inversiones, empleos y bienestar social.
5. El desarrollo de clusters para reorganizar la producción en áreas económicas prioritarias y de oportunidad para Sonora.
6. El impulso a la investigación científica, tecnológica y a la innovación para potenciar las capacidades humanas y productivas.
7. El fomento a la cultura empresarial que valore la inversión productiva, financiera y la creación de riqueza como mecanismos de crecimiento económico.
8. El respeto al medio ambiente y la sustentabilidad productiva para mantener esquemas productivos con visión de largo plazo.

Estos son los retos de los sonorenses en la actualidad, los retos de quienes desean una entidad moderna, de quienes consideran urgente la adopción de una visión de largo plazo, de quienes reconocen a Sonora como una entidad con grandes fortalezas y oportunidades, con vocación de trabajo y de esfuerzo, pero que requiere de políticas y programas con visión de largo plazo. Es necesario, ahora más que nunca, redoblar esfuerzos, trabajar con inteligencia y planear con sabiduría el futuro que se desea construir.

Este libro está integrado por diez capítulos que describen una serie de propuestas bajo una visión integral de la economía sonorense. Propuestas con un enfoque metodológico múltiple en el que se conjuga la reorganización de la actividad económica en clusters que permitan fortalecer las cadenas de valor más importantes de Sonora y potencien las capacidades humanas, productivas e institucionales. Este documento se enriquece con la experiencia derivada de múltiples ejercicios de planeación participativa a escala regional y municipal en áreas estratégicas de la entidad, así como de los análisis de competitividad que de ellos se derivan.

En el primer capítulo se describe el marco teórico conceptual para abordar los modelos de desarrollo que nutren la presente propuesta, enfatizando los aportes de la economía del conocimiento desde una perspectiva del desarrollo local, como herramientas conceptuales para integrar las políticas económicas que pueden instrumentarse en Sonora en el contexto actual, bajo un esquema de reorganización productiva en clusters o conglomerados productivos, de acuerdo a las capacidades y vocaciones regionales.

En el segundo capítulo se presenta la evolución reciente de la economía sonorense con datos y cifras que permiten contextualizar las áreas de oportunidad y las fortalezas de la economía estatal y nos ayudan a visualizar los problemas y rezagos para definir los programas, las políticas públicas y las estrategias que posicionen a Sonora en ventaja competitiva frente a otras regiones de México.

El tercer capítulo analiza el tema de la generación de empleos, un tema muy sensible en virtud de la coyuntura de crisis financiera internacional y las repercusiones en la economía estatal. Se trabaja en el análisis de la evolución de la población ocupada y posteriormente se presenta una propuesta basada en la capacitación y entrenamiento laboral bajo un enfoque de productividad, en la que se trazan las líneas estratégicas de la política laboral sonorense bajo esta perspectiva, la cual permite visualizar la necesaria desregulación en algunas áreas de la economía laboral, así como la discusión sobre temas como la discriminación laboral y la transparencia en la oferta de empleo.

En el cuarto capítulo se analiza el combate a la pobreza y la marginación, tema de gran relevancia por referirse a la justicia social y otros tópicos sensibles para quien desea asumir compromisos de gobierno con visión de largo plazo. Las cifras que muestran las encuestas y conteos nacionales indican que la pobreza y la marginación siguen presentes en Sonora, y más que argumentar que es un mal endémico del capitalismo, se debe partir del reconocimiento de las causas económicas que le dan origen, de la desigual distribución del ingreso, y procurar soluciones y respuestas para mitigar los efectos más aberrantes de este problema, como lo es la pobreza extrema alimentaria. En este capítulo se presenta como propuesta un programa y un plan de acción para la reducción de la pobreza extrema alimentaria en Sonora bajo una visión de largo plazo que integra el impulso al desarrollo local y el microfinanciamiento, a fin de fortalecer y apoyar los sistemas de distribución y abasto de alimentos y la solidaridad.

El quinto capítulo aborda el tema del equipamiento y desarrollo de la infraestructura regional como un mecanismo de incremento de la competitividad y la productividad estatal. Para ello, aprovechando experiencias exitosas como la de Ramos Arizpe en Coahuila, se propone el desarrollo de parques para las PYMES que ordenen su actividad y proporcionen condiciones adecuadas para operar eficientemente y estimular la creatividad y la productividad. Además, se propone lo que todos los sonorenses esperan: las obras de agua potable y de tratamiento de aguas residuales que tanta falta hacen para satisfacer las necesidades crecientes de la industria y para ampliar las capacidades para atraer más y mejores inversiones.

El sexto capítulo está relacionado con el impulso a la vocación productiva de las regiones y brinda una visión de largo plazo, con propuestas de promoción de la inversión y del comercio exterior que potencien las capacidades de Sonora por medio de estímulos a las MIPYMES, así como con el diseño e instrumentación de un modelo de industrialización que contemple la protección al origen de los productos por medio de una denominación de origen expedida por las autoridades en la materia, el establecimiento de normas oficiales para el control de la calidad, la organización de los productores y la creación de las instancias reguladoras de la calidad. En este capítulo también se propone la creación de un programa maestro alimentario que provea seguridad alimentaria y garantice precios reducidos, con lo cual se busca generar oportunidades para los grupos vulnerables de la sociedad. Se propone, además, la instrumentación de políticas económicas de fomento e integración de cadenas productivas, especialmente entre PYMES, que permitan potenciar las capacidades de este importante sector económico.

El séptimo capítulo conceptualiza el desarrollo de los clusters como un conglomerado o grupo de empresas e instituciones geográficamente vinculadas y complementarias entre sí, que se benefician mutuamente de su integración para la producción de un bien o servicio. Dada la vocación productiva de Sonora, su dotación de recursos humanos y físicos, y la experiencia exitosa del cluster ganadero, en este capítulo se propone la creación de clusters en las ramas de la minería, del turismo rural y del sector alimentario. Se propone la creación de un Instituto del Valor Agregado como dependencia descentralizada de la Secretaría de Economía para establecer las políticas de integración de eslabones en los diferentes clusters y para que promueva las leyes y los estímulos que los fomenten. Adicionalmente, se propone la creación de un programa de impulso a las MIPYMES desarrolladoras de productos regionales, que dan identidad regional a la producción y que favorezca a los productores de quesos, jamoncillos, obleas, coyotas, artesanías y bacanora, entre otros, promoviendo su industrialización y escalamiento.

El octavo capítulo analiza el impulso a la investigación científica y tecnológica y a la innovación, temas relevantes para que Sonora transite a la economía del conocimiento. Se propone un programa de transferencia de tecnología a sectores productivos, así como un programa de educación a niños con habilidades y talentos especiales para fomentar la vocación emprendedora. Además, en este capítulo se propone también la creación de un Programa de Administración de Propiedad Industrial que promueva estímulos a la inventiva y la capacidad creadora de los sonorenses, así como un programa para la creación de una incubadora y aceleradora de negocios del sector alimentario, dados los recursos humanos, el equipamiento, la vocación productiva y las capacidades científicas, tecnológicas y de innovación con que cuenta la entidad.

En el noveno capítulo se trabaja una propuesta estratégica para fomentar la cultura empresarial en Sonora que permita crear el marco jurídico-institucional que regule la creación de nuevas empresas, así como para insertar y mantener la presencia de la empresa sonorense en los mercados internacionales, enfocando recursos y capacidades para impulsar a las empresas PYME y, particularmente, impulsando las políticas de integración y formación empresarial para aumentar las capacidades productivas y la competitividad por medio del entrenamiento, la capacitación, la mejora continua de la calidad, los incrementos a la productividad y el acceso a la información para mejorar la toma de decisiones.

Finalmente, en el último apartado se presentan las conclusiones generales del documento, en donde se hace un resumen de sus principales propuestas y aportaciones.

Capítulo 1

Marco teórico conceptual

Las teorías sobre el crecimiento y el desarrollo de la economía han entrado en una crisis derivada de las contradicciones propias del sistema económico y se reconceptualizan ante la incapacidad de explicar y resolver los problemas que permanecen en la sociedad capitalista como la pobreza, la desigualdad interpersonal e interregional, el desempleo, las crisis cíclicas, el deterioro ambiental, la violencia, etcétera.

No existe teoría que en la actualidad manifieste por sí sola la realidad socioeconómica compleja y heterogénea que vivimos. Ante el agotamiento de la teoría del crecimiento económico para explicar los nuevos fenómenos económicos posteriores a la Segunda Guerra Mundial, se presentaron diversas teorías del desarrollo como una manera de exhibir nuevos enfoques en los que se reconocía la necesidad de incorporar elementos novedosos a los modelos de desarrollo de la sociedad, como lo son el bienestar social, la desigualdad, la dependencia, la marginación, la equidad de género, así como diversas categorías que profundizaron el entendimiento de la compleja realidad.

Con el tiempo, las nuevas teorías del desarrollo económico resultaron también insuficientes para explicar la cambiante realidad, enriqueciendo un debate alternativo entre quienes postulan el neoliberalismo contra quienes promueven una teoría del desarrollo más humanitaria, así como entre quienes debaten que la globalización se contrapone a las capacidades regionales o locales, pues inhibe las potencialidades derivadas de la cultura, la identidad y la vocación regional.

Si bien es cierto las posiciones teóricas se vuelven irreductibles y que sus promotores buscan fortalecerlas, más que cambiarlas, en la discusión surgen nuevos modelos de desarrollo económico que explican una realidad más cercana y humana (Sen, 1999), con lo que se brindan a los economistas nuevas herramientas para impulsar procesos de crecimiento económico con equidad social, haciendo uso de las capacidades regionales y creando sinergias entre empresas, gobiernos y sistemas educativos locales para promover un modelo de desarrollo que aproveche las bondades de la globalización y genere espacios para la participación local (Salazar, 2004).

En esta reconceptualización del desarrollo, lo local resurge como un elemento de análisis que explica y potencia los procesos del desarrollo endógeno (Vázquez Barquero, 2000). Lo local es, pues, un sistema de relaciones que confluyen en un espacio regional, territorial, con una identidad que lo distingue de otros espacios debido a su forma de organización, sus esquemas de participación social, sus elementos de regulación política, social y económica y las relaciones institucionales mediante las cuales empresas, gobierno y sistema educativo potencian o limitan el proceso de desarrollo económico.

La globalización, como un proceso de transformación estructural del capitalismo, ha generado cambios importantes en los sistemas de producción, en las leyes y en las regulaciones de las economías nacionales (Stiglitz, 2002). La globalización ha motivado el estudio de su contraparte, lo local, lo que ha permitido una nueva visión sobre el territorio regional como el espacio en el que se genera la producción. Los estudios regionales, a su vez, han analizado sus relaciones sociales internas, sus dinámicas y lógicas de reproducción de la ganancia, así como sus potencialidades y ventajas competitivas regionales. De acuerdo a este enfoque, bajo el esquema global adquiere vigencia y valor la dimensión local (Vázquez Barquero, 2000).

Uno de los principales postulantes de este modelo de desarrollo, Vázquez Barquero (2000), comenta que las localidades y los territorios tienen un conjunto de recursos y de economías de escala no explotadas, mismos que constituyen su potencial de desarrollo. Este autor define el proceso de desarrollo económico local como un proceso de crecimiento y cambio estructural que, mediante la utilización del potencial de desarrollo existente en el territorio, conduce a elevar el bienestar de la población de una localidad.

La propuesta de desarrollo económico basada en el desarrollo local, utilizada en el presente estudio, conlleva una caracterización de los agentes económicos, sociales y políticos que deben confluir y que representan el conjunto de valores, normas, reglas, tradiciones, prácticas, hábitos y costumbres. Estos agentes diversos potencian o limitan los procesos de desarrollo endógeno y también crean el sistema de vínculos que propician la identidad territorial, el sentido de pertenencia y la cohesión social, prerrequisitos para impulsar un proyecto de desarrollo económico local incluyente, democrático y plural.

De acuerdo a Pírez (1995), los agentes del desarrollo son de varios tipos: 1) los que participan bajo una lógica de obtención de ganancia, como los empresarios; 2) los que participan bajo una lógica política, como los representantes populares y los funcionarios de gobierno; 3) los que participan bajo una lógica de la necesidad, como las organizaciones no gubernamentales y los movimientos reivindicativos y, 4) los que participan bajo la lógica del conocimiento, como los científicos, los ideólogos, los educadores.

Por otro lado, los modelos de crecimiento endógeno han enfatizado la importancia de la generación del conocimiento para la productividad y la competitividad y, por lo tanto, para el desarrollo económico, eliminando el postulado de rendimientos decrecientes en la producción (Solow, 1956). El desarrollo científico y tecnológico ha generado el modelo de crecimiento de Solow (1976), que incorpora al conocimiento como una variable importante en la teoría del crecimiento económico y, en este esquema, el capital humano y el conocimiento definen las capacidades productivas.

El concepto de Economía del Conocimiento surge para corregir y perfeccionar los modelos convencionales del desarrollo económico y agrega a los factores de la producción tradicional (tierra, capital y trabajo) los conceptos de capital humano, conocimiento e información, como aspectos relevantes de las economías nacionales en los mercados globales. Bajo este modelo, la ciencia, la educación, la comunicación y la información no son factores externos del proceso de producción, sino que influyen de manera directa en dicho proceso (Molina *et al.*, 2006).

En el modelo de la economía del conocimiento el éxito en su instrumentación como un programa de desarrollo económico depende en gran medida de que las variables se presenten como una amalgama compleja de políticas, tales como una fuerte inversión pública en educación, investigación científica, innovación, generación y manejo de bases de datos y desarrollos tecnológicos. Asimismo, exige también la inversión de las empresas en la mejora de productos y procesos, en la capacitación y entrenamiento de sus empleados para el manejo de equipo de cómputo, de software, de redes de información, etcétera.

El modelo de economía del conocimiento aplicado al desarrollo local, que constituya la propuesta de este documento, coadyuvará a impulsar un proceso de desarrollo que permita a Sonora promover una gestión que aproveche las oportunidades que ofrece la globalización, pero que se nutra y se fortalezca de las capacidades locales, de las oportunidades regionales y, sobre todo, que fomente nuevos liderazgos entre los actores económicos, sociales y políticos para impulsar un programa de desarrollo económico viable, sistémico y sustentable, con una visión de largo plazo y con estrategias que promuevan una amplia participación social.

Capítulo 2

Evolución reciente de la economía sonorense

De acuerdo a datos del INEGI (2005) y de la Secretaría de Hacienda estatal, durante los últimos diez años el PIBE[1] muestra un crecimiento por encima de la media nacional. Las estadísticas del PIBE (a precios constantes de 1993) indican que la entidad creció de 34 975.3 millones de pesos en 1997 a 39 918.9 millones durante 2002, llegando a 54 247.7 millones en 2008 (véase cuadro 1).

Durante el periodo comprendido entre 1999 a 2003 el crecimiento económico mostró un comportamiento promedio modesto, aun cuando la tasas de crecimiento del PIBE mostraron un comportamiento anual más dinámico que el nacional, de tal forma que, considerando la población total registrada en 2003, el PIBE real per cápita fue de 967 dólares, mientras que en 1998 era de 1 095 dólares. Este análisis entre 1998-2003 muestra una tasa de crecimiento acumulada de -13%, que relacionada con las tasas de crecimiento de la población, estimada en 2.4% anual, indica la insuficiencia de inversión, tecnología y productividad. Sin embargo, de 2003 a 2007 estas cifras cambian, pues crece el PIBE de manera importante, consolidando un proceso de crecimiento sustancial al incrementarse de 2.8% en 2003 a 8.4% en 2006 y a 6% en 2007, derivado de una fuerte inversión pública en todos los sectores de la economía.

Tradicionalmente la economía sonorense se ha caracterizado por su vocación agropecuaria, pues en torno a estas actividades se han diseñado las políticas de desarrollo económico en materia de inversión y de financiamiento. Inclusive se crearon figuras administrativas financieras a nivel estatal, como el Fondo para las Actividades Productivas del Estado de Sonora (FAPES) o el Fideicomiso de Rescate a la Mediana Empresa (FIRME), entre otras, que atendieran a los productores ante la incapacidad financiera característica de mediados de los años noventa, además de que se aplicaron instrumentos y convenios con la banca de desarrollo y de primer piso.

[1] El PIBE o Producto Interno Bruto Estatal es la suma del valor agregado total expresado en pesos y generado entre todos los sectores de la economía de Sonora durante un año específico.

Cuadro 1. PIB a precios constantes
(miles de pesos de 1993)

Periodo	Estatal	Tasa de crecimiento
1997	34 975 297	6.48
1998	37 132 658	6.17
1999	38 667 816	4.13
2000	41 473 855	7.26
2001	39 918 866	0.81
2002	41 808 649	-4.52
2003[p/]	41 035 854	2.80
2004	44 008 814	7.24
2005	46 003 233	4.53
2006	49 880 154	8.43
2007[e/]	52 872 965	6.00
2008[e/]	54 459 154	3.00

Nota: [P/] Preliminares; [e/] Estimados por la Secretaría de Hacienda del Estado de Sonora.
Fuente: INEGI.

No obstante, al igual que en el ámbito nacional, la actividad agropecuaria en Sonora mantuvo una participación decreciente en el PIB estatal, en parte también como resultado de un dinamismo creciente de actividades manufactureras como la maquiladora y la automotriz, así como del sector servicios, de forma tal que hasta el año 2000 se logra una recuperación de los niveles de participación presentados en 1980, al alcanzar una tasa de participación de 9.8%, sobre todo mediante el impulso a la transferencia de tecnología moderna, de promoción de la investigación agropecuaria y la creación de nuevos esquemas de financiamiento, así como a través del otorgamiento de garantías provenientes de fondos estatales y federales. En la actualidad el sector agropecuario, silvicultura y pesca participa con 11% del PIBE, manteniéndose constante en los últimos cuatro años con una participación de 4 951 millones de pesos en 2003 (a precios constantes de 1993) y de 5 404 millones de pesos en 2006.

Los gobiernos estatales, durante los periodos comprendidos entre 1998 y 2008, han mantenido una política de recomposición sectorial del producto generado, de tal forma que, sin dejar de apoyar al sector tradicional primario, se promueve el desarrollo del sector industrial en actividades manufactureras y, de manera destacada en los últimos años, se impulsa el sector terciario, en el que el turismo destaca con un crecimiento sorprendente, como veremos más adelante.

La participación del sector manufacturero en el PIBE ha aumentado de 6 210.2 millones de pesos en 2003 (a precios constantes de 1993), a 9 021.7 millones de pesos en 2006. Lo anterior se explica en parte por la expansión de las actividades de la empresa ensambladora de vehículos Ford, por la apertura de empresas manufactureras proveedoras de Ford, así como por una importante atracción de empresas manufactureras en diversos lugares del territorio estatal.

De esta manera, la consistencia de una política de crecimiento y fomento a la industrialización en este periodo, basado en la manufactura, ha conllevado a una mayor especialización de la mano de obra y de su productividad y a un comportamiento del empleo sujeto en gran medida a la industria maquiladora y a la industria armadora de automóviles y de sus componentes. De esta forma, se crea una interdependencia importante con el mercado norteamericano, lo que hace más vulnerable a la economía estatal y la sujeta a los vaivenes de los acontecimientos financieros, económicos y políticos de Estados Unidos.

Un subsector que ha generado un dinamismo creciente en Sonora en los últimos años es el minero, que ha crecido de manera destacada, pasando de una participación en el año 2003 de 760.7 millones de pesos en el PIBE (a precios constantes de 1993) a una participación de 984.4 millones de pesos en 2005; es decir, una tasa de crecimiento de 29% en ese periodo, en el que se han generado más de catorce mil empleos. Nuevos capitales canadienses, australianos y de otros países han sido atraídos a Sonora para extraer algunos minerales valiosos como el oro, la plata, el grafito, la wollastonita, la barita, el carbón antracítico, el fierro y el sulfato de sodio, además del tradicional cobre y el molibdeno.

El sector más dinámico de la economía sonorense en los últimos 25 años, por su participación en la composición del PIBE, es, sin duda, el terciario, en donde destaca el comercio, la actividad restaurantera y la hotelería, aunque también participan con mucha presencia, pero en menor proporción, el subsector transporte y almacenaje, los servicios financieros y los servicios comunales, sociales y personales. Con una generación de 9 803.6 millones de pesos (a precios constantes de 1993), mismos que se incrementaron a 12 505 millones de pesos en 2006, tan sólo el rubro de comercio, restaurantes y hoteles participa con más de la cuarta parte del PIBE. Si sumamos a este rubro los del subsector transporte, el financiero y el de servicios comunales, sociales y personales, la participación en el PIBE aumenta a 66.3%.

Este último dato resalta la importancia que tiene el sector terciario para la economía sonorense, además de mostrar una faceta que se consolida en el último cuarto de siglo: la vocación turística de la entidad, en la cual destacan sus atractivos naturales, la anfitrionía del sonorense y la infraestructura desarrollada, así como, de manera estratégica, al compartir frontera con Estados Unidos, su posición geográfica. Adicionalmente Sonora ha impulsado sus capacidades comerciales y ha estimulado al sector financiero, por lo que un programa económico con visión de largo plazo debe considerar el impulso al sector terciario, partiendo de la base de sus capacidades y de las oportunidades que se tienen por compartir la frontera con el país más poderoso del mundo.

Formalización de la economía

La formalización de la economía es un tema que se debe trabajar como parte de una política económica de estímulos a la micro, pequeña y mediana empresa (MIPYMES), pues se estima que 65% del PIB sonorense y 70% de los empleos es generado por las MIPYMES, sector en donde se encuentra el mayor problema de informalidad.

La economía informal es la que se genera y se reproduce al margen de la ley y de la formalidad del sistema tributario mexicano y constituye una importante generación de riqueza económica que no registran las cuentas nacionales pero que se calcula por medio de sondeos y estudios.

El crecimiento de la economía informal no es nuevo en México y está asociado a la incapacidad del gobierno por impulsar políticas económicas generadoras de empleos y de un desarrollo económico sostenido, así como a las presiones derivadas del crecimiento poblacional en algunas áreas urbanas y a la no menos importante complejidad del sistema recaudatorio mexicano, a la laxitud en la aplicación de la ley fiscal para penalizar a los evasores y a la complicidad política que brinda concesiones a grupos de poder a cambio de prebendas y apoyos.

Durante las etapas de recesión o de crisis, la economía informal crece debido a la reducción de alternativas de empleo formal, lo que obliga a la población a emplearse en actividades no reguladas. Por ello, la alternativa para la reducción de la economía informal, desde la perspectiva de la política pública, está en la capacidad de retomar el rumbo del crecimiento económico con estabilidad macroeconómica y de enfatizar las áreas de la economía intensivas en mano de obra, como son las manufacturas.

De 1990 a 2004 la economía informal en Sonora creció en veinte por ciento y absorbió 52% del total del empleo. De esta forma, pese a que en la entidad se han realizado esfuerzos importantes para reducir la informalidad a través de programas recaudatorios más sencillos y agiles, como el del sistema de Recaudación de Pequeños Contribuyentes (Repecos), ésta no deja de constituir un problema económico que requiere atención prioritaria, pues contribuye a la evasión fiscal.

Lo anterior nos lleva a plantear la necesidad de diseñar estrategias de cultura empresarial que faciliten la apertura de negocios, que coadyuven a simplificar los complicados y engorrosos trámites administrativos y a promover los incentivos fiscales necesarios y, sobre todo, a aplicar la ley para sancionar a quienes, incluso bajo condiciones adecuadas para integrarse a la economía formal, continúen amparándose en la sombra de la informalidad para beneficiarse de las transferencias de quienes sí cumplen sus obligaciones fiscales.

Pero la tarea debe hacerse a todos los niveles y debe lograrse una mayor coordinación entre las instancias federales, estatales y municipales, no sólo para verificar el cumplimiento de las obligaciones fiscales y combatir la informalidad, sino también para crear incentivos para que esto se lleve a cabo, además de estimular a los contribuyentes cumplidos.

En Sonora se han realizado esfuerzos importantes para integrar a las MIPYMES a la formalidad y propiciar mejores condiciones para fomentar su desarrollo, como lo es la simplificación administrativa, el Centro de Apertura Rápida de Empresas y otros apoyos. Sin embargo, es importante reenfocar la política económica actual consistente en promover las inversiones en Sonora de grandes empresas detonantes del desarrollo, esperando que se generen sinergias que permeen a las MIPYMES. Desde la perspectiva del gasto público utilizado para atraer inversiones, es mucho más eficiente procurar atraer grandes empresas ampliamente generadoras de empleos, lo cual, desde una óptica eficientista, es adecuado, ya que, además de la creación de empleos, se reduce el gasto en promoción y disminuye el esfuerzo general del aparato de gobierno.

La política de promoción de grandes inversiones sólo estará completa si se complementa con una política agresiva de fomento y desarrollo de las MIPYMES sonorenses que contribuya a fortalecer la iniciativa y la cultura empresarial, fomente la empresa de capital regional, la cual se arraiga con mayor facilidad, y formalice actividades económicas que contribuyan a la hacienda estatal.

CAPÍTULO 3

La generación de empleo

Una de las prioridades de las personas en edad productiva es contar con un empleo seguro que le genere los ingresos suficientes para vivir con dignidad. Esa es una condición insoslayable de cualquier economista que se precie de contribuir a promover políticas económicas que se traduzcan en bienestar social. Es decir, el objetivo último de la política económica debiera ser el generar riqueza económica y crear condiciones adecuadas para que la economía crezca y se desarrolle. De otra manera no se entiende el concepto de desarrollo sustentable, en donde el crecimiento económico y el desarrollo social convergen o, de otra manera, donde la política económica, la competitividad y la productividad van aparejados de un mejoramiento del nivel de bienestar social de los trabajadores.

La generación de empleos y la obtención de ingresos, sin duda destacan entre las principales preocupaciones de los ciudadanos. Por ello, el crecimiento económico se vuelve una prioridad, pues es necesario atender la incorporación de la fuerza laboral que está lista para trabajar año con año, además de la fuerza laboral que de manera rezagada no se ha incorporado a un trabajo formal. Según las equivalencias obtenidas, para Sonora cada punto porcentual del PIBE se traduce en aproximadamente siete mil quinientos nuevos empleos. Por lo tanto, el plantear como objetivo de política económica el crecimiento real de la economía a una tasa promedio de 6% del PIBE anual, congruente con las metas del Programa de Desarrollo Económico Sustentable y Empleo 2004-2009 (www.sonora.gob.mx/biblioteca/documentos/pmp/programaem pleo.pdf), agregaría alrededor de cuarenta y cinco mil nuevos empleos a la economía, lo que permitiría no sólo absorber la fuerza laboral juvenil que se incorpora año con año a la población económicamente activa, sino que abatiría, en un periodo de seis años, el déficit acumulado de empleos.

Por otro lado, la estabilidad del empleo y los ingresos decorosos tienen repercusiones directas en la estabilidad familiar y emocional, por lo que una economía con estabilidad laboral es una economía con una tendencia a reducir los conflictos obrero-patronales. Es por ello que una política económica que promueva la estabilidad de los empleos debe ser fomentada con responsabilidad, de tal manera que, sin dejar de considerar elementos como la eficiencia y la productividad laboral, deberá trabajarse en acciones estratégicas encaminadas a generar una capacitación constante para actualizar y mantener vigentes las capacidades y habilidades laborales de los trabajadores y las trabajadoras sonorenses, revisando para ello los esquemas de participación salarial en la distribución de la riqueza económica generada.

Evolución de la población ocupada

La población sonorense ha evolucionado casi paralelamente a las políticas poblacionales de México. En 1980 la población en Sonora ascendía a 1 513 731 habitantes; sin embargo, el comportamiento de la economía en la década de los años ochentas propició, en algunos periodos, que la tasa de crecimiento del producto fuera mayor a la tasa del crecimiento poblacional. Pero el impacto de las caídas cíclicas de la economía nacional e internacional en la década de los años noventas hasta el año 2000, arroja rezagos que se vienen arrastrando en la generación de nuevos empleos y pérdida de puestos de trabajo existentes, sobre todo en aquellas actividades económicas con altos requerimientos de capital, infraestructura y tecnología, al igual que aquellos que provienen de industrias maquiladoras cuyas matrices se ubican en Estados Unidos o en los países asiáticos.

En este sentido, el comportamiento de la tasa de ocupación, como resultado de lo anterior, ha evolucionado de forma tal que en 1990 la ubicación sectorial de la población ocupada mantenía la distribución de los diez años anteriores, aunque su tendencia ya reflejaba los cambios que la estructura productiva del estado venía manifestando, pero de manera poco significativa, a favor del sector industrial, lo que generaba que aún la planta productiva no pudiera absorber a los demandantes de nuevos puestos de trabajo y a aquellos que formaban parte de la pérdida del empleo anual que se presentaba, sobre todo en las actividades agropecuarias.

De acuerdo a datos del Instituto Mexicano del Seguro Social (IMSS), el promedio anual de trabajadores asegurados en Sonora ha crecido de manera importante desde el pasado sexenio de gobierno, al pasar de 341 916 trabajadores en 2003 a 418 752 en 2007, con una tasa de crecimiento de alrededor de 5% anual en ese periodo.

En los últimos 25 años, el lento dinamismo de las variables fundamentales del crecimiento en la entidad, como la productividad del trabajo, el capital, la tecnología y la inversión en el mejoramiento del capital humano, no ha permitido responder a una población demandante de más empleos, y mejor remunerados, que salvaguarden sus condiciones de salud y seguridad social. El cambio tecnológico en las actividades económicas generadoras de valor agregado no ha potencializado la productividad del trabajo, ni el ahorro ni la inversión, debido a la insuficiente e ineficiente utilización de nuevas tecnologías para generar tasas de crecimiento económico que mejoren los indicadores de desarrollo y bienestar social.

En muchas economías el gobierno es una fuente importante de empleos y genera importantes derramas económicas en los lugares donde se concentra la burocracia, es por eso que, aunado a criterios de eficiencia y productividad para funcionarios y empleados de gobierno, es substancial generar esquemas de estabilidad laboral para el personal contratado para desempeñar labores en la administración pública.

En Sonora el gobierno del estado en 2007 daba ocupación directa a 47 300 servidores públicos, beneficiando a alrededor de doscientos mil sonorenses, con lo que crea un efecto importante en la economía de la entidad, pues el gobierno estatal se constituye por sí mismo en el mayor empleador. De esta manera, en muchos municipios sonorenses, en los cuales prevalece la incertidumbre laboral y la ausencia de empresas generadoras de empleos, el contar con un empleo en la administración municipal es una ventaja, pues ésta genera empleos con un ingreso digno, al menos por los periodos de vigencia de la administración en turno.

Bajo el esquema anterior, considerando que es necesario dar certidumbre en el empleo a los empleados de gobierno, y dada la cantidad de empleados beneficiarios y la derrama económica estimada, se propone una acción estratégica que promueva garantías a los funcionarios públicos de que el gobierno estatal priorizará la reducción del gasto corriente por otros conceptos, antes de enfocarse al despido de funcionarios. Adicionalmente, es necesario promover el servicio civil de carrera, de tal manera que los empleados de gobierno no estén sujetos a los vaivenes de la política y tengan certidumbre, amparados por la ley, para permanecer en sus puestos e incluso para promoverse en tiempos y bajo circunstancias que no tengan que ver con las voluntades y los compromisos políticos de los gobiernos en turno. El servicio civil de carrera es definido por la Organización de las Naciones Unidas (ONU) como el cuerpo apolítico, permanente, de funcionarios que forma la espina dorsal de una administración determinada. Los elementos de un sistema civil son: una ley básica de administración de personal de servicio civil y un organismo responsable de su aplicación.

Capacitación y entrenamiento laboral bajo un enfoque de productividad

Los países latinoamericanos presentan una inserción internacional en las franjas menos dinámicas del comercio exterior. En el ámbito mundial, las exportaciones que más crecieron en los últimos años fueron las de productos intensivos en procesos y economías de escala, con tecnología intermedia, y más aún las de bienes intensivos en conocimientos y capacidades, que requieren de alta tecnología.

Las políticas para aumentar la productividad contribuyen a reducir los costos unitarios y a mejorar la calidad del producto, con lo que se eleva la tasa de rentabilidad de la inversión y se incide significativamente sobre la competitividad del país. Por ello, las estrategias para aumentar la competitividad no deben basarse únicamente en los costos de la mano de obra (como en el caso de los países de "ingresos bajos"), pues sus efectos son de corto plazo.

Para la productividad laboral son importantes las innovaciones tecnológicas. La investigación y el desarrollo empresarial requieren de apoyos como fondos de innovación y articulación con centros de investigación y universidades, entre otros.

Las prácticas laborales, como la adecuada capacitación de los trabajadores como complemento a la tecnología, y los acuerdos entre las partes, tienen efectos positivos para la productividad. Con base en algunas experiencias como la peruana, se establece que los contratos de corto plazo desalientan los aumentos de productividad. En México la variable "ambiente laboral participativo", consistente en que los trabajadores aporten en la toma de decisiones, resulta ser positiva y significativa para la productividad laboral.

En nuestro país en particular, el principal desafío de una política laboral es el combatir los niveles de pobreza, con el fin de que no exista desigualdad social. En la política económica sonorense este desafío se debe traducir en promover la creación de empleos de buen nivel y que generen ingresos dignos para alcanzar niveles adecuados de bienestar social. Es importante trabajar en la vinculación de la educación y los sectores productivos para que los jóvenes recién egresados de preparatoria, carreras técnicas o de educación superior, encuentren empleos en el mercado laboral formal, por lo que se deben promover las políticas y programas de capacitación, entrenamientos y formación cultural para que todos accedan a un empleo digno, entendido éste como el respeto a la integridad humana del trabajador.

Es importante promover programas para que todos los sonorenses tengan acceso a la seguridad social y a un retiro decoroso, así como a un salario remunerador y a una capacitación continua que contribuya al incremento de la productividad y al mejoramiento del nivel de vida del trabajador y su familia. También es importante fomentar las condiciones óptimas de seguridad e higiene en los centros de trabajo para evitar enfermedades y accidentes, además de promover el respeto a los derechos fundamentales de los trabajadores, particularmente a sus derechos colectivos: la libertad y la autonomía sindical, el derecho de huelga y la contratación colectiva.

En Sonora se debe fortalecer la creación y actualización de leyes para que todo mundo tenga las mismas oportunidades de desarrollo personal y familiar por medio de la no discriminación por razón de género, preferencia sexual, discapacidad, raza o religión, además de promover incesantemente las oportunidades de empleo y ser intolerantes con la explotación de mano de obra infantil.

Adicionalmente, los gobiernos estatales, tomando como punto de partida los cambios acelerados de la economía global y el reconocimiento de la calidad y formación de la fuerza laboral sonorense, deben promover políticas de capacitación y entrenamiento para mantener actualizadas las capacidades laborales de la entidad. Esta capacitación permitirá al trabajador sonorense responder a la cambiante realidad de los sectores manufactureros e incorporar en su formación nuevos esquemas de organización laboral, talentos y habilidades que exige la incorporación de nuevas herramientas y tecnologías en las empresas globalizadas, como, por ejemplo, el aprendizaje del idioma inglés y el uso de equipo de cómputo.

Los gobiernos estatales deben promover incansablemente los mecanismos de vinculación entre la oferta y la demanda de empleo, creando los esquemas de capacitación y entrenamiento desde las aulas e incrementando el conocimiento tácito, a fin de formar una fuerza de trabajo capacitada, flexible y preparada que se adapte a los cambios que demanda la empresa moderna y pueda servir de motor para impulsar la productividad y la competitividad de la entidad.

En un modelo laboral vanguardista que puede promoverse desde la política económica estatal, no puede faltar la inclusión de un programa que garantice la observancia de la equidad de género en la promoción, como parte del servicio civil de carrera implementado en las empresas, lo cual brindará certidumbre laboral al trabajador y esperanza de promoción constante como respuesta de la empresa al esfuerzo de capacitación y adquisición de nuevas capacidades laborales.

La no discriminación en el acceso mismo al empleo es un aspecto de justicia social para las mujeres, los jóvenes y personas discapacitadas. Este aspecto debe trascender el discurso e incorporarse de manera integral y efectiva en la política laboral sonorense por medio de campañas de concientización y de revisiones al marco jurídico, garantizando igualdad de oportunidades para personas de cualquier edad y género con las mismas capacidades.

El acoso sexual y la violencia en las empresas no debe permitirse en la entidad, por lo que es necesario implementar campañas de concientización, de capacitación en manejo de recursos humanos en casos sensibles y de revisión del marco jurídico para garantizar a las víctimas de este tipo de violencia un respeto pleno a sus derechos laborales, además de proporcionar espacios de mediación y de justicia para las víctimas.

La competencia laboral es la construcción social de aprendizajes significativos y útiles para el desempeño productivo en una situación real de trabajo que se obtiene no sólo a través de la instrucción, sino también -y en gran medida- mediante el aprendizaje por experiencia en situaciones concretas de trabajo (Ducci, 1997).

Es necesario implementar un *programa de transparencia en la oferta de empleo* que elimine el sesgo humano que tiende a favorecer amistades, compadrazgos y afinidades. Este programa debe basarse en un catálogo clasificado por claves que indiquen las capacidades, las habilidades y las competencias laborales adquiridas por las y los trabajadores, de tal manera que las solicitudes se presenten con información que sólo brinde elementos laborales suficientes y necesarios y no provea información que pueda sesgar la decisión del empleador.

CAPÍTULO 4

El combate a la pobreza y a la marginación

Los mexicanos estamos tan acostumbrados a convivir con la pobreza y la marginación que ya son considerados males endémicos, cuando debiéramos considerar a ambos fenómenos como los resultados de los efectos de políticas económicas redistributivas ineficaces, así como de políticas de desarrollo social inadecuados o no enfocados en remediar estos problemas. Algunos mexicanos consideran a la pobreza y la marginación como el costo que se tiene que pagar por impulsar un modelo de desarrollo basado en la apertura indiscriminada de mercados, en donde una elite se favorece de los grandes acuerdos comerciales, dejando a la gran mayoría de la población en condiciones de vulnerabilidad. Son precisamente estos grupos sociales quienes conforman el cinturón de pobreza que se expande o contrae en la medida en que las políticas económicas del gobierno provén acciones redistributivas del ingreso y la riqueza generada por la economía, ya sea por la vía de impuestos, incentivos, asistencia social, subsidios o cualquier otro.

Lo que sí es imposible negar, pues las cifras del Banco Mundial lo muestran de manera inexorable, es que el número de mexicanos pobres ha venido creciendo en términos absolutos, alcanzando niveles alarmantes. Alrededor de la mitad de la población de México vive por debajo de la línea de pobreza, mientras que una quinta parte vive con un ingreso insuficiente para satisfacer sus necesidades de alimentación, llamada pobreza de ingreso (SEDESOL, 2002; Banco Mundial, 2004), además de que, de acuerdo a la misma fuente, los niveles de pobreza de ingreso han disminuido desde la crisis económica de 1994. El Banco Mundial reportó que entre 2000 y 2002 la pobreza extrema disminuyó en México de 24.2 a 20.3% del total de la población, mientras que durante el mismo periodo la pobreza moderada también reportó un decremento, pues pasó de 53.7 a 51.7%.

La pobreza delimita con una mancha la geografía de México, como es el caso de algunas regiones rurales con menos de dos mil quinientos habitantes, que en su mayoría viven en condiciones de pobreza, así como de muchos cinturones de pobreza moderada o pobreza extrema en áreas urbanas. La pobreza también matiza la diversidad de los grupos sociales de la población, como los grupos étnicos, los campesinos y las mujeres. De acuerdo al estudio citado del Banco Mundial, 65% de las personas en pobreza extrema viven en áreas rurales, impactando a numerosos pueblos indígenas, mientras que alrededor de 25% de las personas extremadamente pobres viven en áreas urbanas del país.

El fenómeno migratorio de grupos importantes de mexicanos que por más de un siglo han buscado oportunidades de empleo e ingresos más dignos en Estados Unidos se acentúa en los tiempos de crisis económicas y es una respuesta ante la pobreza y la marginación de muchas regiones de México. De hecho, el Consejo Nacional de Población (Conapo, 2001a) apunta que 95% de los municipios del país tienen algún tipo de conexión con la migración internacional; entre los nuevos lugares de origen de la migración destacan tres entidades con niveles altos de pobreza y marginación: Veracruz, Puebla y Oaxaca.

Sin embargo, desde principio de los años noventa hemos visto un fenómeno nuevo en Estados Unidos, derivado del endurecimiento de las políticas antiinmigratorias y de mayores controles fronterizos, que ha generado también allá una situación de pobreza entre los mexicanos migrantes (Martin, 2002; Conapo, 2001b). Un estudio de la Conapo (2001a) indica que el U.S. Census Bureau reportó que 25.7% de los inmigrantes mexicanos se ubica por debajo de la línea de pobreza americana, la cual considera como pobre a toda familia de cuatro integrantes con ingresos anuales menor o igual a dieciséis mil dólares. Esta situación contribuye a deteriorar el esquema de flujo migratorio característico de la movilidad de mano de obra entre ambos países, ya que los migrantes extienden su permanencia en Estados Unidos, en donde tratan de sobrevivir en condiciones desfavorables.

Recientemente se ha introducido en los estudios de la pobreza y la marginación un nuevo concepto, el de la *feminización de la pobreza,* con el que se indica que la pobreza de las mujeres se acentúa por su ubicación en los procesos productivos, por los usos y costumbres que las marginan y segregan en lo económico, lo social, lo familiar e, incluso, por algunos ordenamientos jurídicos.

El propio Instituto Nacional de las Mujeres (Inmujer) reporta que sesenta por ciento de los individuos en pobreza extrema son mujeres.

Además, la información difundida por esta dependencia evidencia que prevalecen marcadas faltas de oportunidades para las mujeres pobres con relación a la población masculina en igual circunstancia. Ejemplo de lo anterior es que 23.5% de las mujeres asiste a la escuela, contra 26.1% de hombres. En el mismo sentido, 72% de los hombres son económicamente activos por sólo 34% de las mujeres. También lo ejemplifica el hecho de que 31% de las mujeres dicen que nunca han trabajado, por sólo 3.6% de hombres en el mismo caso. Y por si faltara más contundencia, las mujeres ganan de 36 a 50% de lo que ganan los hombres en trabajos similares (Inmujer, 2005).

Una de las condiciones más desventajosas prevalecientes en México es la de ser mujer y ser pobre, pero es inconcebible que aún subsista la peor categoría en la situación de pobreza extrema, la de *ser mujer, pobre e indígena,* condición en la que se encuentran más de cinco millones de mujeres mexicanas en el año 2005, las cuales reproducen la condición de pobreza a su descendencia, ya que en este grupo prevalece un creciente analfabetismo (se incrementó a diez mil mujeres más entre 1990 y 2000), una tasa mayor de natalidad (un promedio de 3.4 hijos nacidos vivos por mujer), además de que se convierten en madres a edades menores (veinte por ciento de las mujeres indígenas con veinte años de edad ya tiene al menos un hijo).

Para resolver los problemas de pobreza los gobiernos mexicanos de la última década a la fecha han impulsado una doble estrategia: 1) promover el crecimiento económico para que se generen empleos en la economía y, 2) proporcionar los servicios básicos a la población más desprotegida. Lamentablemente, las cifras muestran resultados poco satisfactorios, por lo que los gobiernos de las entidades federativas tienen un compromiso y una responsabilidad, con recursos propios, de mitigar las insuficiencias con programas asistencialistas y de capacitación y resarcir las carencias de infraestructura, servicios básicos, educación, salud, vivienda e, incluso, de abasto de alimentos.

En Sonora, aun cuando se han impulsado programas para reducir la pobreza y la pobreza extrema, algunas estadísticas de pobreza y marginación de 2005 indican que 56.5% de la población ocupada percibía remuneraciones que fluctuaban entre uno y tres salarios mínimos. Es decir, más de la mitad de la población ocupada en Sonora percibía un ingreso de entre cincuenta y ciento cincuenta pesos diarios. De acuerdo a datos del Consejo Nacional de Evaluación de la Política de Desarrollo Social (Coneval), con base en el Segundo Conteo de Población y Vivienda (INEGI, 2005) y la ENIGH (2005), Sonora ocupa el octavo lugar en indicadores de pobreza alimentaria, de capacidades y patrimonial, con un 40.4% de su población en esta condición, lo que equivale a 967 236 sonorenses.

Por lo anterior, es necesario diseñar políticas económicas enfocadas a combatir la pobreza y la marginación con una combinación de programas asistencialistas y programas generadores de empleos mejor remunerados para incidir de manera directa en la reducción de la brecha entre estratos sociales y lograr incrementos salariales bajo propuestas de incrementos en la productividad, a fin de brindar mayores oportunidades de acceso a alimentación, vestido, servicios públicos de salud, educación y vivienda (Camberos, 2008).

Las políticas instrumentadas por el gobierno estatal pueden ser asistencialistas, productivistas o una combinación de ambas y permitirían a los sonorenses de más bajos recursos adquirir nuevas capacidades y desarrollar sus potencialidades. Cobran vigencia los programas de desarrollo social que buscan mitigar los rezagos más apremiantes, programas que, combinados con los megaproyectos detonadores del desarrollo, reduzcan las brechas entre ricos y pobres.

Dentro de la filosofía económica global existe un axioma importante y adecuado en la lucha contra la pobreza: *regalar pescados o enseñar a pescar.* Lo que muchos pobres necesitan para salir adelante y superar su condición de pobreza no es caridad ni programas asistencialistas, sino una oportunidad de recibir capacitación o financiamiento por medio de esquemas sencillos que el mercado financiero formal no les otorga. En este aspecto, la experiencia por demás exitosa que nos enseña el sistema de financiamiento desarrollado y promovido por el Grameen Bank de Bangladesh, bajo la coordinación y supervisión de su creador Mohammed Yunus, premio Nobel de la Paz 2006, nos permite trazar las líneas generales de un modelo de microfinanciamiento para las familias más pobres, un modelo que incluya la falta de garantías como parte del riesgo, compensada con una tasa premium, que haga atractivo al financiamiento a ambas partes. Estos créditos pueden variar de dos mil a tres mil pesos y, aún con un componente subsidiario para iniciar operaciones, podría generar un recurso revolvente a medida que se entienda su objetivo y se generen sinergias económicas entre las familias pobres.

De acuerdo a la declaración de la Organización de Estados Americanos (OEA) de 1997, se presentó el "Programa Interamericano de Combate a la Pobreza y la Discriminación", cuya vigencia persiste, particularmente en lo relativo al análisis de las causas de la pobreza y los esfuerzos requeridos por los países miembros para superar dicha condición. Derivado de este programa, y basados en la experiencia latinoamericana, los ministros y jefes de delegación reunidos en Washington, D. C., del 20 al 21 de febrero de 1997, para definir las políticas de la OEA, se propusieron una serie de acciones que podrían implementarse en la entidad dentro de un Programa Integral de Combate de la Pobreza Extrema Alimentaria en Sonora con metas para un periodo de seis años, en el que se incluya, además, la disminución de la pobreza moderada.

Programa Integral de Combate de la Pobreza Extrema Alimentaria en Sonora

Pese a que en el periodo 2003-2008 se han realizado esfuerzos importantes por abatir la pobreza extrema en Sonora por medio de programas federales y estatales, tales como llevar energía eléctrica a las poblaciones más apartadas de la geografía estatal, dotar de pisos y techos a las viviendas más humildes, o mediante programas asistencialistas para ayudar con los gastos de alimentación y de energía eléctrica a adultos mayores, así como para educación y capacitación, entre otros, en Sonora, en 2005, aún prevalecían en condición de pobreza extrema alimentaria 229 906 personas, es decir, 9.6% de la población, de acuerdo a estimaciones del Consejo Nacional de Evaluación de la Política de Desarrollo Social (Coneval) con base en el Segundo Conteo de Población y Vivienda (INEGI, 2005) y la ENIGH (2005).

No es posible concebir un programa para combatir la pobreza en la entidad si no va acompañado de un crecimiento sostenido del PIBE a tasas que generen riqueza suficiente para invertir recursos que permitan abatir los rezagos en generación de empleos, desarrollo de infraestructura y demás indicadores del bienestar social. Sin embargo, es posible lograr, con un crecimiento significativo del PIBE, la disminución, y en el futuro la erradicación, de la pobreza extrema en Sonora mediante un programa diseñado cuidadosamente y enfocado desde una perspectiva integral y bajo la supervisión del gobierno estatal para lograr las metas propuestas.

Si bien es cierto que el crecimiento económico es una condición esencial para lograr el objetivo planteado, no constituye por sí mismo una condición suficiente para promover una mejor calidad de vida, superar la pobreza y eliminar la marginación social en Sonora. Es necesario también que dicho crecimiento se oriente a promover el desarrollo económico con equidad y justicia social y que se acompañe con la aplicación de políticas y acciones estratégicas enfocadas a combatir la pobreza extrema (Camberos y Bracamontes, 2007).

Para poder cumplir con los objetivos de un programa de combate de la pobreza extrema alimentaria en Sonora es indispensable diseñar e instrumentar una adecuada política fiscal y una estrategia de inversión social que considere la programación y la ejecución transparente de recursos y que sea cuidadosamente orientada, administrada y evaluada para que sus acciones se dirijan a beneficiar efectivamente a los sectores en esta condición. La erradicación de la pobreza extrema alimentaria requiere la concurrencia de las voluntades de la sociedad civil y del gobierno en sus tres niveles, además de los recursos públicos suficientes para los programas sociales y, en particular, para las acciones orientadas a superar este problema económico.

El éxito de un programa que busca combatir la pobreza extrema en Sonora requiere de acciones que fortalezcan los mecanismos de apoyo a los grupos prioritarios tanto en el sector urbano como en el rural, priorizando los campos de la salud, la nutrición, el empleo y la educación, con atención especial a la niñez, a la juventud, a las mujeres cabezas de familia y madres menores de edad, a las comunidades indígenas, a los trabajadores migratorios y sus familias, a los grupos de la tercera edad, a las personas con discapacidad y a otros grupos sociales vulnerables como los niños, jóvenes y adultos en situación de calle.

Sin embargo, combatir la pobreza extrema alimentaria es un reto factible de lograr si el gobierno estatal está en condiciones de fortalecer a la autoridad estatal en materia social y desarrollar mecanismos eficaces de coordinación interinstitucional. Para ello es necesario dar pasos que mejoren la eficiencia de las acciones desarrolladas por las instituciones sociales a través de la descentralización y la asignación de recursos con mayor autonomía, así como la implementación de un *programa de abasto alimentario* que permita la distribución de alimentos a todos los rincones del territorio estatal. Es necesario capacitar y desarrollar los recursos humanos que operan los programas de distribución y abasto para contribuir a la superación de la pobreza. En lo general, se requiere utilizar los sistemas de información apropiados y aplicar las metodologías e instrumentos de focalización, seguimiento y evalua-ción, atendiendo particularmente las acciones con los grupos en situación de pobreza, vulnerabilidad o discriminación. Finalmente, es necesario reconocer la heterogeneidad de la pobreza y su multicausalidad para diseñar políticas diferenciadas e integradas, que consideren las especificidades locales (Camberos et al., 2005).

Diseñar e instrumentar un programa de combate de la pobreza extrema requiere de promover una educación adecuada y de calidad, pues este factor incide de manera directa en el incremento en la productividad y el crecimiento económico, además de que promueve el bienestar social, el respeto al medio ambiente y la tolerancia social.

Es importante diseñar e instrumentar políticas que posibiliten la igualdad de oportunidades y de acceso a la alimentación y los servicios básicos de infraestructura social en las regiones y comunidades en condición de pobreza extrema, fortalecer la participación y la responsabilidad individual y colectiva y establecer incentivos o programas específicos para atender las necesidades de los grupos más vulnerables.

El programa de combate de la pobreza extrema debe dar prioridad a las políticas generadoras de empleo e ingreso y debe programar suficientes recursos a la capacitación y a la reconversión de la mano de obra, a fin de potenciar la productividad laboral y apoyar a la micro y pequeña empresa, ampliamente generadora de empleos y de riqueza económica. Los trabajadores de bajos ingresos y los pequeños productores deben tener acceso en condiciones preferenciales a capacitación, asistencia técnica y financiamiento para brindarles ventajas sociales que se traduzcan en el mediano y largo plazo en ventajas competitivas.

Asimismo, para lograr los objetivos de un programa de combate de la pobreza extrema es necesario promover la planeación estratégica participativa como metodología que permita fortalecer la participación responsable y organizada de la sociedad civil en la definición de criterios, la toma de decisiones y la efectiva aplicación de políticas de superación de la pobreza y la marginación, así como en la supervisión de la administración de los recursos públicos, pues sólo de esta manera se garantiza el logro del desarrollo económico y social.

Plan de acción del Programa de Combate de la Pobreza Extrema Alimentaria

Para promover un programa de combate de la pobreza extrema alimentaria en Sonora es necesario impulsar las siguientes acciones:

1. Realizar un diagnóstico que permita definir e identificar a los grupos más vulnerables y determinar su ubicación, sus características, necesidades y capacidades de autodesarrollo.
2. Diseñar e instrumentar programas de distribución y abasto de alimentos para la atención integral a las comunidades rurales, indígenas y grupos vulnerables, que incluyan los componentes materno-infantil, salud y nutrición. De igual manera, se deben incluir programas de emergencia social, de infraestructura social comunitaria y de acciones estratégicas de apoyo para garantizar la justicia y promover el acceso a la educación, la capacitación y la generación de empleos para grupos sociales marginados o segregados.
3. Subir a propuesta de Ley el derecho inalienable a la alimentación para todos los sonorenses. Que por ley ningún sonorense quede fuera del beneficio de recibir los alimentos que componen la canasta básica en cantidad y calidad suficientes, incluida el agua como un nutriente esencial para la vida.
4. Impulsar a la micro y pequeña empresa en comunidades en condición de pobreza y marginación por medio de esquemas de apoyos

a proyectos productivos y empresas sociales, financiamiento oportuno y suficiente, capacitación y apoyo técnico.

5. Promover programas de sensibilización social y altruismo para comprometer la participación de la sociedad en la lucha contra la pobreza y la marginación.
6. Instituir mecanismos de planeación estratégica participativa que sean efectivos para garantizar la participación de las comunidades con mayores carencias en la definición y ejecución de los programas para la superación de la pobreza y la discriminación.
7. Desarrollar redes y programas sociales para las personas en condición de pobreza o vulnerabilidad, a fin de fomentar un mayor ingreso, generar empleos productivos, apoyar a la microempresa, promover el acceso al crédito, a la capacitación laboral, a la alimentación, salud, vivienda, educación e infraestructura social y mejorar la calidad de los servicios sociales básicos y hacerlos accesibles a todos.

Proponerse combatir la pobreza extrema alimentaria que tanto lastima a la sociedad sonorense no puede esperar. Impulsar los programas, los proyectos y las acciones estratégicas para asumir la responsabilidad de afrontar con seriedad este reto no puede postergarse hasta que se cumplan los prerrequisitos que mandan los postulados internacionales.

En Sonora se ha avanzado en los últimos años en promover una economía creciente, reduciendo las necesidades en infraestructura, ampliando la cobertura educativa y de salud y abatiendo rezagos ancestrales, por lo que el tránsito hacia la erradicación de la pobreza extrema alimentaria es factible si confluye la voluntad del gobierno en sus tres niveles, si se realizan los diagnósticos correspondientes, se reconoce la heterogeneidad y multicausalidad de la pobreza extrema y se implementan los ejercicios de planeación estratégica participativa que permitan la apropiación de este programa por parte de los beneficiarios.

Con estas acciones se contribuirá simultáneamente a reducir la pobreza moderada en la entidad y paliar los efectos más lacerantes de la pobreza y la marginación, a saber: el analfabetismo y el bajo nivel educativo, el desempleo, la insuficiencia de ingresos, el hambre, la desnutrición, la inseguridad alimentaria, la falta de salud, de financiamientos adecuados, la precariedad de la vivienda, los rezagos en servicios públicos y, sobre todo, la indiferencia de la sociedad.

Es necesario hacer un frente común solidario en el programa de seguridad alimentaria para combatir la pobreza extrema alimentaria en la entidad por medio de políticas económicas que hagan confluir a las empresas, a la sociedad civil y al gobierno para promover la generación de empleos en las regiones marginadas a través del impulso al desarrollo local y el estimulo de las fuerzas productivas regionales, el fortalecimiento de los sistemas de distribución y abasto de alimentos y la generación de una fuerte identidad y cohesión social frente a este rezago.

Capítulo 5

El equipamiento y desarrollo de infraestructura regional

Una de las metas más importantes de una nación es aumentar el nivel de bienestar de sus pobladores, y para conseguirlo se requiere incrementar la productividad de los recursos disponibles como capital, trabajo y conocimiento. La productividad es el principal determinante, en el largo plazo, del nivel de vida, por sus efectos en la generación de riqueza y producción de ingreso nacional.

En las economías globalizadas los niveles de productividad se incrementan en la medida en que algunos bienes se producen domésticamente, especializándose en aquellos sectores y segmentos en los que sus industrias sean relativamente más productivas, y se importan aquellos productos y servicios en los que sus empresas sean menos productivas que sus rivales extranjeras, elevando de esta manera el nivel medio de productividad en la economía. Así pues, las importaciones al igual que las exportaciones, son un factor integrante del crecimiento de la productividad (Porter, 1985).

La productividad determina la competitividad. De acuerdo a Porter (1990), la competitividad es la capacidad para sostener e incrementar la participación en los mercados internacionales, con una elevación paralela del nivel de vida de la población. El único camino sólido para lograr esto se basa en el aumento de la productividad.

El crecimiento sostenido de la productividad requiere que una economía se perfeccione continuamente. Las empresas de una nación deben mejorar la productividad en los sectores existentes mediante la elevación de la calidad de los productos, la adición de características deseables, la mejora de la tecnología del producto o superación de la eficiencia de producción. Los gobiernos deben participar activamente generando condiciones propicias para que se desarrolle la economía y mejore la competitividad con inversiones en equipamiento y desarrollo de la infraestructura regional y nacional.

Para el World Economic Forum (WEF), la competitividad es definida como aquel conjunto de factores, políticas e instituciones que, a través de la productividad que generan, determinan el nivel de prosperidad que puede ser alcanzado por una economía (Global Competitiveness Report, 2005-2006). Una economía más competitiva, dice el reporte, sería aquella en la que es probable crecer más rápido hacia el medio y largo plazo. Para medir la competitividad para el crecimiento, el WEF generó un índice denominado Índice de Competitividad Global (Growth Competitiveness Index), el cual representaría el potencial o la aptitud para este crecimiento. Este índice es elaborado anualmente por el WEF a partir de 2000 y considera la complejidad de múltiples factores en 104 países en 2004.

Algunos aspectos que favorecen la competitividad son las capacidades de promoción de los gobiernos para captar inversión extranjera directa, el manejo de la macroeconomía (finanzas públicas, tipo de cambio, tasa de interés, inflación), el marco jurídico que brinda certidumbre para proteger las inversiones y las facilidades que brindan los gobiernos para la atracción de inversiones.

El gobierno de Sonora ha realizado inversiones en infraestructura que mejoran la competitividad, como son carreteras, parques industriales multimodales, sistemas portuarios para carga y descarga marítima, puertos fronterizos con equipamiento para transporte terrestre y ferroviario, aeropuertos con mayores capacidades de carga y descarga, comunicaciones mejoradas entre todos los municipios con los centros comercialmente importantes como las grandes ciudades y la frontera, con lo que ha mejorado su posicionamiento frente a otras entidades federativas.

Debido a las condiciones geográficas y orográficas, Sonora es un estado árido, por lo que el crecimiento poblacional ocasiona fuertes presiones en el uso del agua, lo que convierte a ciudades como Hermosillo, San Luis Río Colorado y Caborca, entre otras, en focos de alerta, pues la escasez de agua dificulta las políticas de promoción de inversiones y es un tema central de la competitividad, sobre todo cuando el tema del agua se politiza y se diluyen las acciones para impulsar un proyecto con visión de largo plazo para garantizar un abasto suficiente con agua de calidad para la entidad. El tema del agua debe colocarse en nivel prioritario en la agenda de política económica estatal dentro de los rubros de infraestructura para el desarrollo y priorizarlo en las agendas municipales.

Aun cuando hay avances significativos en materia de equipamiento e infraestructura para el desarrollo regional, prevalecen carencias y rezagos asociados a las discrepancias entre las metas del gobierno federal y las del gobierno estatal y municipal, ya que muchas inversiones para el fortalecimiento de infraestructura se llevan a cabo con recursos provenientes de la federación. En este sentido, la propuesta deberá contemplar una mejor coordinación entre los niveles de gobierno para alcanzar los objetivos de dotar de mejor infraestructura para aumentar la competitividad de la entidad.

Infraestructura de abasto de agua y tratamiento de aguas residuales

El abastecimiento de agua y el tratamiento de aguas residuales se han convertido en temas de gran controversia pública en los últimos años y las empresas operadoras del abasto deeste recurso, están ahora sujetas a mucho escrutinio social, particularmente desde que las decisiones sobre el agua han estado motivadas por factores políticos. Aun cuando la incorporación de los avances científicos y tecnológicos permite en la actualidad disminuir los riesgos en la salud y proveer alternativas más eficientes y de largo plazo en la calidad y proveeduría del agua, no será suficiente para sacar a las empresas operadoras de agua fuera del centro de la controversia.

Sonora tiene cada vez mayores problemas para el abasto de agua suficiente y de calidad, por lo que es importante que el gobierno del estado, en estrecha colaboración con los municipios y con apoyos de la federación, impulse un programa de abasto, con una visión de largo plazo, que de solución a la población. Lo anterior requiere del compromiso y concurrencia de los tres niveles de gobierno para establecer una agenda de trabajo que tenga por objetivo garantizar una cantidad y calidad suficiente de agua para soportar el crecimiento poblacional y satisfacer los requerimientos de la industria establecida en Sonora.

Es impostergable, también, el diseño y ejecución de un programa para dotar de infraestructura para tratamiento de aguas residuales a prácticamente la totalidad de los municipios sonorenses, a fin de evitar los graves daños a la salud de la población, particularmente en comunidades pequeñas, así como el daño por contaminación a ríos y mares con consecuencias que todavía desconocemos en su totalidad.

Las empresas operadoras de agua deben empezar a cobrar el valor real de mercado del agua que distribuyen. Casi todas las empresas operadoras de agua cobran poco por el agua. Al dar a los consumidores precios tan bajos se les transmite la idea de que hay una amplia disponibilidad de agua, cuando la realidad es que ésta es escasa. El subsidio a los precios del agua genera pocos incentivos para su conservación, mientras que, por el contrario, el incremento en los precios del agua ha mostrado que es un instrumento muy efectivo en la reducción de la demanda del vital liquido.

La reducción de la demanda del agua a través del cobro de su precio real, aunada a una eficiente administración, es el método más efectivo y barato para lograr una mayor disponibilidad de agua y es mucho mejor que llevar a cabo nuevos proyectos, sin pretender descartar aquellos que harán más eficiente el uso y conducción del agua, como la reconstrucción de las redes de abasto, las desaladoras, la conducción desde lugares remotos, etcétera. Es importante también tomar medidas para dotar de medidores a todos los consumidores y en profundizar en la cultura del cuidado del agua.

Respecto al tratamiento de aguas residuales en Sonora, pese a que se han realizado avances importantes en este renglón, es necesario impulsar un programa estatal para abatir los rezagos en infraestructura de tratamiento de aguas residuales para todas las cabeceras municipales y asentamientos poblacionales de más de mil habitantes. Para ello se deben aplicar las prácticas sanitarias y las tecnologías disponibles acordes a las necesidades y requerimientos específicos del lugar.

El tratamiento de aguas residuales contribuye no sólo a reducir y, eventualmente, eliminar brotes de infección y de enfermedades públicas, sino que también permite hacer un uso más eficiente del agua al reusarla para riego de parques y jardines o para la la creación de cinturones verdes alrededor de las áreas urbanas.

Parques industriales para PYMES

Un parque industrial es la superficie geográficamente delimitada y diseñada especialmente para el asentamiento de una planta industrial en condiciones adecuadas de ubicación, infraestructura, equipamiento y de servicios, con una administración permanente para su operación. Con la instalación de un parque industrial se busca el ordenamiento de los asentamientos industriales y la desconcentración de las zonas urbanas y conurbadas, así como hacer un uso adecuado del suelo, proporcionar condiciones adecuadas para que la industria opere eficientemente y se estimule la creatividad y la productividad dentro de un ambiente confortable, además de que coadyuva a las estrategias de desarrollo industrial de una región.

Un esquema que permite potenciar las capacidades de las PYMES industriales sonorenses, además de que provee espacios adecuados para el desarrollo optimo de sus potencialidades y un control fiscal efectivo, consiste en el reordenamiento de las PYMES basado en la creación de la infraestructura adecuada para su instalación en áreas específicamente provistas para tal fin, como lo tienen las grandes ciudades de países desarrollados. El propio gobierno estatal y los gobiernos municipales pueden suministrar los espacios físicos con financiamientos adecuados y con incentivos fiscales a las PYMES industriales en áreas preparadas para albergarlas, diseñando espacios similares y, de ser posible, cercanos a un parque industrial convencional. Estos espacios físicos crearían sinergias importantes entre las PYMES y con las empresas grandes.

Es indispensable que cada parque industrial para las PYMES esté estratégicamente localizado con el fin de proveer a las empresas los servicios necesarios para optimizar su desarrollo (bajos costos en transportación y logística) y que aprovechen las ventajas que brindan los flujos de inversión extranjera directa, lo cual debe traducirse en más y mejores empleos, trasferencia de tecnología y oportunidades de exportación directa e indirecta a través de cadenas de proveedores.

Según información de la Secretaría de Economía (www.contactopyme.gob.mx/parques/index.html), en México existen alrededor de trescientos parques industriales diseñados para albergar a grandes industrias. Sin embargo, el concepto de parques para PYMES aún está visualizándose como factible. Una experiencia importante se desarrolló en Ramos Arizpe, Coahuila, con la construcción de dos miniparques industriales destinados exclusivamente para PYMES, con empresas proveedoras de las armadoras General Motors, Magna y Chrysler. La ventaja que esto representa para las PYMES instaladas en este miniparque es de ahorros en sus costos de producción por la cercanía con los clientes, además de ampliar los espacios para producción y acceso a infraestructura como el aeropuerto.

Los parques industriales para PYMES representan ventajas importantes pues incentivan el establecimiento de empresas industriales en lugares que requieren generar desarrollo económico, empleos y bienestar social. Estos parques contribuyen al desarrollo regional, pues atraen la inversión extranjera directa al desarrollar una infraestructura de soporte industrial, con lo que se favorece la transferencia de tecnología y los convierte en catalizadores para el surgimiento de nuevas empresas. Adicionalmente, los parques industriales PYMES favorecen el reordenamiento industrial y contribuyen a un desarrollo sustentable.

En estos parques construidos para PYMES industriales se deben de considerar espacios para que se instalen servicios complementarios de tipo administrativos, contables y legales, de administración de la propiedad industrial, distribuyendo y dispersando el costo entre todas o varias empresas PYMES. Adicionalmente, el compartir espacios físicos les permite a estas empresas diseñar estrategias de beneficio común, como sistemas de proveeduría para compras de mayoreo que favorecen la reducción costos.

Es recomendable planear y organizar la creación de parques industriales para PYMES en diferentes municipios de Sonora, no sólo como una estrategia de reordenamiento industrial, sino también para potenciar las capacidades productivas de la entidad. Los parques industriales podrán ser temáticos, atendiendo a las vocaciones regionales, y tener componentes de soporte tecnológico y científico para generar espacios para el desarrollo de innovaciones y para impulsar los encadenamientos productivos que agreguen valor real a la producción primaria de la entidad.

Capítulo 6

El impulso a la vocación productiva de las regiones

Sonora es una entidad con reconocidas fortalezas, gracias a la generosa dotación de recursos minerales, extensos agostaderos, ricos valles agrícolas y, en general, a la vocación productiva de las regiones que la integran. Sin embargo, para incrementar la competitividad y mejorar su posicionamiento frente a otros estados fronterizos, es necesario replantear el modelo de crecimiento (Hernández, Soto y Vázquez, 2008) y diseñar una agresiva política de promoción económica y social de las regiones y municipios. Es decir, se debe ejecutar una política económica diferenciada por regiones atendiendo a sus necesidades y características propias.

La misma historia del desarrollo del estado, con su génesis y bonanzas enraizadas en la sierra, una historia impulsada por una desmedida ambición colonizadora, apuntalada por un agresivo ejército español y fundamentada bajo una ideología, inicialmente jesuita y posteriormente franciscana, tan agresiva como los ejércitos militares, que doblegaban al indígena nativo para disponer de sus regiones, sus fuerzas físicas y extraer la riqueza atesorada en estas tierras, da cuenta de la rudeza de vivir en estas latitudes, en la que se templa un carácter de esfuerzo constante para coexistir en una región hostil.

Los valles, arrancados a los áridos desiertos costeros, fueron incorporados posteriormente al desarrollo económico y social de Sonora, con lo que se gestó una especialización productiva que caracteriza al Sonora moderno (Vázquez, 1988; Ramírez, 1991; Wong, 1996): una sierra con un modelo económico basado en la cría de becerros de exportación en agostaderos extensos, combinada con explotaciones de yacimientos mineros y otras actividades económicas menores como la fabricación de quesos, dulces regionales, bacanora (Núñez, 2001), agricultura forrajera de temporal y, cuando está disponible, bajo riego.

Por otro lado, tenemos la frontera norte, con una economía asociada a la producción manufacturera bajo el programa de maquiladoras, así como un intensivo comercio de ganado, de frutas y hortalizas, de personas y de drogas con Estados Unidos. Una región costera con una economía asociada a la producción de granos, hortalizas, frutales, oleaginosas y forrajes Y, por supuesto, algunas ciudades que han sido capaces de atraer inversiones en industria automotriz, como Hermosillo, o que han desarrollado fuertes empresas agroindustriales, como Ciudad Obregón y Navojoa, o impulsado una fuerte industria maquiladora, como Nogales, Empalme y San Luis Río Colorado.

Lo anterior no es una regionalización bajo estricto rigor metodológico, sino más bien una visión genérica, conformada por elementos de identidad, integración y cohesión. Por supuesto que el desarrollo entre las diferentes regiones de la entidad ha sido desigual, presentándose en los últimos años los mayores rezagos económicos y sociales en la sierra y en el sur de la entidad.

En la sierra, el rezago en el desarrollo está más asociado al agotamiento de un modelo ganadero exportador azotado por más de una década de sequía recurrente y de los bajos precios promedio del ganado y los altos costos de los insumos en los mercados internacionales, mientras que en el sur de Sonora se relaciona con los bajos precios promedio de los granos y los altos costos de los insumos, y en ambas regiones con la alta especialización de la economía, resultado de la falta de una política con visión de largo plazo que promoviera la diversificación productiva o la inserción de un modelo de industrialización para agregar valor a los procesos de producción primarios.

Adicionalmente, por su naturaleza árida, Sonora requiere de una política económica que se enfoque bajo una estrategia de reconversión productiva sustentable, que conlleve a un uso racional del agua de riego, no sólo continuando la tecnificación del riego, sino asociado también al cultivo de productos de mayor valor y menos volumen, como hortalizas y frutales.

En este mismo tenor, la estrategia de reconversión productiva para el sur de Sonora, y para toda la región productora de granos y cereales, debe centrarse en promover la implementación de esquemas modernos de apoyo y subsidios a productores eficientes y competitivos de granos básicos, orgullo de la revolución verde.

Para los productores de becerros de exportación localizados en la sierra sonorense, la política económica diseñada debe incluir programas de encadenamientos productivos para el procesamiento de carne, agregando valor al becerro e identificando nichos de mercado con potencial comercial, como la carne madurada, carne añejada y el baby beef, entre otras especialidades.

Estos conceptos básicos de la economía: diversificación, industrialización, valor agregado, especialización, encadenamientos productivos, entre otros, han sido parte de la historia de algunas regiones de Sonora, y es necesario rescatarlos, analizarlos, explorarlos y, lo más importante, aplicarlos, incorporarlos dentro de una política económica diseñada con visión de largo plazo, incluirlos en un programa maestro alimentario que ordene y de vida a una estrategia modernizadora de la actividad primaria sonorense.

Promoción de la inversión y el comercio exterior

La promoción de las inversiones se ha convertido en un tema prioritario en la agenda de las economías globalizadas, pues indica la capacidad de gestión de dicha economía, muestra también la infraestructura disponible para atraer y capitalizar nuevas inversiones e incluso es considerado un indicador de la competitividad, pues revela una serie de elementos que permite que capitales, en búsqueda de condiciones favorables, encuentren nichos que benefician la generación de riqueza económica.

En el mundo moderno las economías que están creciendo lo hacen en función de su capacidad de atracción de inversión extranjera directa, de acuerdo a sus condiciones locales de competitividad, como es la calidad de su infraestructura, el marco normativo fiscal, la calidad y capacidad de sus recursos humanos, los costos de la fuerza de trabajo, entre otros. Estos aspectos requieren ser evaluados con el fin de definir una estrategia de potenciación de la competitividad para la atracción de inversiones.

En México, la búsqueda de condiciones favorables para la atracción de inversiones, particularmente norteamericanas y asiáticas, ha generado una feroz competencia, particularmente visible entre los estados fronterizos, para atraer inversiones y ofrecer oportunidades para la instalación de empresas extranjeras.

En Sonora esta competencia es particularmente intensa, y aprovechando su condición favorable de frontera con Arizona, así como el hecho de que sea ruta estratégica y necesaria para mercancías provenientes del sur, centro y occidente de nuestro país, se ha promovido una política de atracción de inversiones. Adicionalmente, el desarrollo de infraestructura de parques industriales, los apoyos fiscales (como la eliminación temporal de impuesto sobre nomina estatal) y la creación de un sistema muy simplificado para la apertura rápida de empresas, entre otros, se han constituido en elementos que han impactado en un corto periodo de tiempo, como es el caso del sector turístico, con el desarrollo de un megaproyecto inmobiliario en Puerto Peñasco, la llegada de cruceros a Guaymas, la ampliación de las capacidades productivas de la planta ensambladora de autos de la empresa Ford, la atracción de múltiples empresas satélites asociadas a la industria automotriz, aeroespacial, de software, etcétera, con lo cual Sonora se ha posicionado como un estado competitivo a nivel de estados fronterizos y escalando posiciones en los indicadores de atracción de inversiones a escala nacional.

La enorme infraestructura para manejo de ganado en el cruce Douglas, Arizona / Agua Prieta, Sonora, o de productos agrícolas frescos, como frutas y vegetales, con la infraestructura instalada en Nogales y San Luis Río Colorado, Sonora, y Yuma, Arizona, ha contribuido también a que se generen una serie de servicios de apoyo al comercio exterior en Nogales, San Luis Río Colorado y Agua Prieta, Sonora, en aspectos como agencias aduanales para trámites de exportaciones e importaciones, contabilidad, administración y transporte terrestre, lo que ha contribuido a la generación de riqueza en la región.

Sonora tiene un volumen de comercio exterior de más de diez mil millones de dólares, con un superávit comercial de mil seiscientos millones, basado en más de ochocientas empresas exportadoras. Además, más de la mitad de los municipios sonorenses participan en el mercado externo. Dada, entonces, esa vocación productiva y exportadora, así como la dotación de recursos naturales, un aspecto central de la política económica sonorense debe ser la promoción del comercio exterior. Debemos diseñar políticas de fomento a las exportaciones para impulsar con mayor decisión y con estrategias más puntuales a las empresas sonorenses, particularmente a las PYMES especializadas en productos regionales, para abordar los nichos de mercado de la nostalgia, así como a las empresas de servicios profesionales especializados, susceptibles de ofrecerse en el exterior con ventajas competitivas, como podrían ser los servicios médicos y de ingeniería, entre otros.

En el caso de los productos regionales, el potencial es enorme, pues Sonora se distingue por la amplia variedad de productos típicos con buena aceptación entre los sonorenses que radican en Tucsón y en Phoenix e, incluso, en Los Ángeles y otras grandes ciudades de Norteamérica. Las grandes concentraciones de sonorenses que viven en estas ciudades representa un mercado de oportunidad conocido como el mercado de la nostalgia, y se integra por los hijos, los sobrinos, los tíos, los hermanos y todos los familiares de los sonorenses que residen allá, que añoran los productos sonorenses, que desean tenerlos sobre sus mesas y que los consumen como una forma de rehacer su identidad o como una manera de mantener su cultura.

Entre estos productos regionales con potencial exportador y algunos con potencial de ampliar sus exportaciones se encuentran la carne de res y puerco, el bacanora (Núñez, 2001), los jamoncillos, la carne seca y machaca, los vinos de mesa, el camarón, las obleas, las coyotas, las salsas y los quesos, entre otros, que, enfocados bajo un política de promoción comercial integrada con protección industrial y registro de marcas, podrían generar un proceso importante de industrialización para PYMES de capital sonorense. Esta política de promoción comercial deberá incluir el diseño e instrumentación de un modelo de industrialización que contemple la identidad de origen de los productos por medio de las denominaciones de origen, el establecimiento de normas oficiales que garanticen la calidad de estos productos regionales en los mercados externos, la organización de los productores en torno a estos proyectos, así como la creación de las instituciones reguladoras de la calidad.

Este modelo propuesto ha sido ampliamente exitoso en algunos países europeos como España y Francia, y en México los resultados con industrias como la del tequila y el mezcal muestran el enorme potencial para promover un proceso de industrialización profundo y dinámico, en el que se incorporan nuevos agentes económicos a los procesos de generación de riqueza, de formalización de la economía y de desarrollo de regiones con potencial económico.

Para que Sonora pueda ampliar sus ventajas competitivas frente a otros estados fronterizos la política económica debe también enfocarse a aspectos relacionados con la modernización de la infraestructura aduanera, así como a capacitar y entrenar a los proveedores de servicios integrales al comercio con el fin de aumentar su eficiencia y competitividad. Este esquema de modernización de la infraestructura debe contemplar el impulso a los esquemas de ciberpuertos, para contribuir a la reducción de tiempos y costos al sistema de transporte, así como la ampliación de las capacidades de los puertos de cruce fronte-rizo, un tema que abordaremos en el capítulo relativo al equipamiento y desarrollo de infraestructura regional.

Creación de un programa maestro alimentario

Con el objetivo de proveer un programa de seguridad alimentaria y contribuir a la reducción de los precios de los alimentos, a fin de generar nuevas oportunidades a grupos vulnerables de la sociedad por su condición de pobreza alimentaria y marginación, se propone el diseño e instrumentación de un programa maestro alimentario. Un programa que enmarque la necesidad de agregar valor a sus cadenas productivas más importantes, como respuesta a las tendencias del mercado agroalimentario global, y en el que se tomen como punto de partida las demandas específicas por servicios de ciencia y tecnología y se consideren los elementos que caracterizan las demandas de dichos sistemas en Sonora. Los factores externos que provocan los cambios en las demandas por servicios de ciencia y tecnología son de carácter socio económico, político, tecnológico, ambiental y cultural y tratan de dar respuesta a varios aspectos, entre los que destacan:

La concentración e integración de las empresas

Las empresas se integran crecientemente de manera vertical y horizontal, estableciendo sinergias importantes para proveer oportunamente a los mercados y al mismo tiempo satisfacer demandas de bienes y servicios intermedios. Bajo estos nuevos esquemas de integración, las respuestas a la demanda provienen de un entramado complejo de grandes empresas integradas con pequeñas y medianas empresas locales con una visión global.

Las grandes empresas concentran una oferta amplia de productos, incrementando sus capacidades de distribución y apoyando su sistema de proveeduría con empresas grandes, medianas y pequeñas. Estas grandes empresas concentran un enorme y creciente poder que se manifiesta por la capacidad de incidir en la definición de las nuevas tendencias en el consumo y por marcar las pautas para un desarrollo regional con generación de empleos. En ocasiones definen los salarios, la competitividad e incorporan las nuevas tecnologías y los nuevos sistemas laborales.

Generalmente estas empresas grandes implican procesos de internacionalización o globalización de capitales, de procesos y de mercados. Ya no es concebible una gran empresa impulsando todas sus capacidades sin crear una enorme interdependencia de múltiples empresas enmarcadas en el complejo sistema global de proveeduría.

Sin embargo, los mercados parecieran fragmentarse para responder a la satisfacción de necesidades diferenciadas, lo que conlleva a muchas empresas pequeñas y medianas a la especialización para atender requerimientos de nichos que se nutren y fortalecen de nuevas tendencias en las demandas provocadas por hábitos de consumo diferenciados. Los mercados se especializan para satisfacer demandas específicas de consumidores, con información oportuna y suficiente para decidir que producto o servicio adquirir, aumentando el poder de consumo y de decisión en base a calidad y precio.

Ajustes en las demandas por cambios demográficos y hábitos alimentarios

En general, la población mundial aumenta su nivel de vida promedio propiciado por la globalización, el acceso a productos de cualquier lugar a precios decrecientes y la satisfacción creciente de las necesidades básicas. De esta manera, los gustos y preferencias del consumidor también evolucionan con rapidez, lo que provoca cambios frecuentes en los sistemas productivos que respondan con flexibilidad a los requerimientos de las nuevas demandas.

En estos nuevos esquemas globales el concepto de calidad se ha posicionado como un referente obligado y como un requisito indispensable para la decisión de compra. Si bien el precio es el elemento más importante en una transacción comercial, en un mundo informado y con creciente poder de compra, derivado de la posibilidad de escoger entre diferentes opciones, la calidad se ha constituido en un aspecto que define las decisiones del consumidor.

Por otro lado, el gasto familiar en alimentos ha cambiado en función de fenómenos sociales como la creciente urbanización, que dispone de alimentos para una mayor población, así como el envejecimiento de la población, la ruptura de la unidad familiar como unidad productiva, la creciente incorporación de la mujer a la vida laboral, la reducción del tiempo requerido para preparar los alimentos, la creciente preferencia por alimentos frescos, de calidad, más naturales y convenientes en la facilidad de su uso, además de la demanda creciente de alimentos orgánicos y la existencia de mercados con preferencias culturales y de tradición, como los denominados mercados de la nostalgia y con denominación de origen.

La cadena de distribución de alimentos se vuelve cada vez más importante, como lo es también la distribución de alimentos al menudeo, que se convierte en el sector estratégico más destacado de la cadena alimentaria y tiene su influencia a partir de su poder de compra y negociación. De esta manera, la concentración de ventas en supermercados e hipermercados se constituye en la organización de la distribución de alimentos, bajo una integración asombrosa de la producción primaria, el procesamiento hasta la distribución y el consumo final.

Creciente estandarización de la producción

La creciente integración regional y la apertura de los mercados han favorecido el desarrollo de un número creciente de reglamentaciones públicas, así como normas de tipo privado. Para alcanzar la competitividad las empresas tienen que adaptarse a las reglamentaciones de los países destino. Los productos no estandarizados son considerados de baja calidad en los países desarrollados, lo que repercute en sus precios al momento de su compra.

La biotecnología y su creciente importancia en la producción de alimentos

La biotecnología está marcando las nuevas tendencias en la producción de alimentos, no sólo porque tiene efectos favorables en el incremento de la productividad, al reducir los costos unitarios, sino porque también es posible incidir en la calidad, pues con la biotecnología es posible obtener cambios en los gustos y apariencias de los alimentos, lo que aumenta la vida de anaquel y hace posible desarrollar productos resistentes a enfermedades, al frío, a sequías, a salinidad, etcétera.

Creciente preocupación por el medio ambiente

Los consumidores están cada vez más informados y conscientes de que existen prácticas que atentan contra el medio ambiente y se preocupan de manera creciente por adquirir bienes que hayan sido producidos con técnicas e insumos que promuevan su protección, con sistemas de producción seguros y sin agroquímicos y que privilegien la reducción del empaque, el reciclaje, etcétera.

Menor importancia del papel del Estado

El concepto de Estado como actor fundamental para impulsar el crecimiento de la economía se está revalorando y en muchos países se trabaja en su redimensionamiento para convertirlo en una entidad eficiente, reguladora en aspectos de salud y seguridad alimentaria y facilitadora, a fin de que reduzca o elimine servicios tradicionales y de que participe más activamente en el fomento a las asociaciones en sectores productivos rezagados o vulnerables.

Soluciones desde la ciencia y la tecnología

La definición de los principales factores de influencia en las tendencias del sistema agroalimentario global ofrece una perspectiva en torno a la composición de las líneas de trabajo del Programa Maestro Alimentario y sus características mínimas para impulsar un Sonora más competitivo y productivo, que responda con desarrollos científicos, tecnológicos e innovaciones a las oportunidades de los mercados y el cambiante comercio internacional.

Las innovaciones que agregan valor al sector agroalimentario pueden impulsarse con la introducción de tecnologías de otros ámbitos científico-tecnológicos, entre los que destacan:

- La expansión de la frontera del conocimiento a fin de generar nuevos procesos, productos y servicios para acceder a los mercados más dinámicos. En este concepto entran la biotecnología, los recursos genéticos, la bioinformática, la agroecología, las tecnologías de la información, etcétera.
- El mejoramiento de la eficiencia productiva a través de la utilización de nuevos insumos, de reducciones de costos y de la adaptación a los estándares de inocuidad y calidad (homogenización, certificación y diferenciación de productos), resolviendo los requerimientos ambientales de los mercados y atendiendo esquemas de bioseguridad.
- El desarrollo de nuevas formas de coordinación económica y tecnológica para responder a los marcos regulatorios y al aseguramiento de trazabilidad y preservación de origen de los productos.
- El desarrollo de tecnologías ambientales críticas (la siembra directa, la agricultura de precisión, la optimización del balance de gases con efecto invernadero) y el desarrollo de un sistema de gestión ambiental a nivel de campo y de ecoregión.
- Adecuaciones tecnológicas para insertar en las cadenas agroalimentarias y de agronegocios a la producción en pequeña escala (valoración del conocimiento tradicional, adaptación de maquinarias, procesos artesanales, plantas agroindustriales, etcétera).

En Sonora existen las capacidades para identificar las necesidades específicas de los sectores productivos, coadyuvando con el gobierno del estado para facilitar y desarrollar un *programa maestro alimentario* que desde el ámbito de la ciencia, la tecnología y la innovación, responda a las necesidades regionales en el impulso a la investigación, el desarrollo y la transferencia tecnológica para mejorar la seguridad y calidad de los alimentos, así como el desarrollo de alimentos y servicios tecnológicos para la industria con productos y procesos innovadores que cubran las tendencias de los mercados y las necesidades de la sociedad.

Un *programa maestro alimentario* que permita aprovechar integralmente las materias primas para reducir el impacto ambiental y desarrollar nuevas líneas de negocio y potenciar el desarrollo de un sector alimentario dinámico, especialmente en los subsectores agrícola, pecuario, pesquero y forestal, en aquellas áreas con potencial para agregar valor. Este programa debe promover activamente estrategias para la integración entre productores locales y mercados locales, a fin de crear y fortalecer un circulo virtual que potencie las capacidades productivas regionales y genere espacios y sinergias económicas para la creación de riqueza y oportunidades para el nacimiento de capitales locales.

Este *programa maestro alimentario* debe identificar, fomentar y atender las necesidades de innovación de los sectores productivos con mayor potencial, transfiriendo tecnología desde la oferta hacia las empresas, especialmente a las PYMES; facilitando servicios de asesoría y consultoría en materia tecnológica o de gestión de la innovación que mejoren la competitividad de las empresas y apoyando con servicios de ensayo y calibración de aparatos y equipos que contribuyan a garantizar la calidad de los productos y servicios ofrecidos por las empresas.

Sin lugar a dudas un *programa maestro alimentario* debe considerar la integración, coordinación y potenciación de los recursos tecnológicos regionales mediante el aprovechamiento de los servicios, equipos e infraestructura disponibles en otras instituciones o empresas, incluyendo la actualización técnica del personal de las empresas alimentarias y su especialización en nuevas tecnologías, mediante el desarrollo de actividades de formación técnica y ocupacional, promoviendo la participación de las empresas en programas de renovación tecnológica, brindándoles soporte técnico para la presentación de proyectos y colaborando en la ejecución de los mismos y, finalmente, organizando cursos, seminarios y congresos con participación de científicos, empresas y gobierno.

Bajo este marco económico el gobierno del estado debe apoyar las iniciativas que llevarán a un nuevo posicionamiento enfocado a promover la competitividad y la eficiencia en el uso de los recursos escasos para lograr que los productores primarios den un salto cualitativo para colocarse a la vanguardia de los procesos de desarrollo en nuestro país.

Fomento e integración de cadenas productivas

Las políticas económicas impulsadas por el gobierno federal no han sido exitosas en Sonora en su tarea de impulsar las estrategias para fomentar la integración de las cadenas productivas, especialmente entre las pequeñas y medianas empresas (PYMES), por lo que éstas se han constituido en un sector poco favorecido y poco beneficiado de los instrumentos creados para tal objetivo. La integración de cadenas productivas requiere de instrumentos que promuevan una integración eficiente entre empresas PYMES y grandes empresas, así como entre empresas sonorenses y empresas foráneas, con el propósito de crear nuevas oportunidades y nuevas fortalezas que redunden en mayor competitividad.

El concepto de integración de cadenas productivas tiene un componente fundamental relacionado al valor agregado. Cada eslabón integrado en una cadena agrega valor al producto y, por lo tanto, cada empresa integrada en una cadena genera también riqueza, empleos, ingresos y derrama económica. Por ello, la política económica de fomento e integración de las cadenas productivas debe enfocarse a la creación de empleos, ingresos y derrama económica por medio de estímulos fiscales y no fiscales, especialmente de empresas PYMES, y, por supuesto, preferentemente en las empresas de capital sonorense.

CAPÍTULO 7

El desarrollo de clusters

El concepto de cluster o conglomerado corresponde a un grupo geográficamente localizado de empresas e instituciones vinculadas y complementarias entre sí (Porter, 1990). Los clusters comprenden empresas de productos o servicios finales; proveedores de insumos y materiales, maquinaria, equipo y servicios especializados; instituciones financieras y empresas de sectores afines; canales de distribución o clientes; fabricantes de productos complementarios; proveedores de infraestructura; instituciones públicas y privadas que facilitan formación, información, investigación y apoyo técnico especializado (centros de investigación, universidades, grupos de reflexión, instituciones de capacitación profesional) y las entidades de normalización. Los organismos del gobierno que influyen significativamente en un cluster son parte de él y, además, en muchos clusters están incorporadas asociaciones comerciales y otros organismos colectivos de carácter privado que apoyan a los miembros del mismo.

Características del cluster

Un cluster tiene como característica destacada la existencia de una acción conjunta de los agentes económicos e institucionales que lo integran para alcanzar diversos fines como el ingreso a nuevos mercados, definición de estrategias de innovación o solución a problemas comunes. Para que esto suceda es necesario que exista una demanda de un bien o servicio sofisticado que actúe como catalizador para que el cluster se mantenga en continua innovación, dentro de un marco legal y regulatorio que permita la acción conjunta y la competencia para establecer una mejora continua del producto o servicio demandado. Generalmente los clusters exitosos presentan un nivel alto de especialización y de eficiencia entre las empresas y agentes concurrentes, lo que permite el aprovisionamiento de insumos y servicios especializados. Lo anterior lo posiciona con un alto nivel de competitividad internacional.

Los clusters se encuentran en constante perfeccionamiento, ya que el aumento de su competitividad y su eficiencia global depende de la manera en que las empresas e instituciones que los conforman reaccionen ante la competencia interna y externa.

Atendiendo al grado y forma de obtener e incrementar la eficiencia colectiva, Orellana (2000) menciona tres tipos de clusters. En primer lugar, está el *cluster industrial*, donde prevalece una concentración sectorial y geográfica de empresas que facilita el surgimiento de proveedores, de personal calificado, etcétera, con lo cual los precios tienden a bajar, reduciendo los costos de producción. El segundo tipo es el denominado *distrito industrial*, los cuales son clusters en los que hay condiciones sociales o culturales que facilitan la colaboración de sus agentes económicos. El tercer tipo son las *redes industriales*, que responden a los procesos derivados de la globalización y de los avances en las tecnologías de la información y comunicación, las cuales están generando una serie de cambios en la organización de la producción, por lo que no es imprescindible la proximidad física o geográfica para que se genere la innovación, el aprendizaje o la cooperación entre empresas.

Los integrantes de un cluster comparten muchas necesidades y oportunidades y deben de hacer frente a muchas limitaciones y obstáculos a la productividad comunes a todos. Observar y analizar a un grupo de empresas e instituciones desde la perspectiva del cluster permite apreciar las oportunidades de coordinación y mejora mutua en áreas de interés común, sin que ello ponga en peligro la competencia, ni la distorsione, ni debilite la intensidad de la rivalidad. Además, los cluster son un motor de las exportaciones y un imán para atraer inversiones extranjeras, por lo que se constituyen en un foro en el cual se pueden establecer nuevas formas de diálogo entre las empresas, el gobierno y las instituciones científicas, tecnológicas y educativas.

Para llevar a cabo el desarrollo de clusters en diferentes ámbitos de competencia, de acuerdo a la vocación productiva de la entidad y a la dotación de recursos naturales, es necesario diseñar políticas regionales congruentes con las políticas nacionales, que prioricen el crecimiento económico, social y cultural. Se debe definir una estrategia de concertación de intereses, donde el gobierno formule las políticas públicas y los espacios de desarrollo y el sector empresarial asuma con fuerza el compromiso y la identidad con las regiones donde se inserta y contribuya a inducir un crecimiento económico que haga sentir a toda la comunidad los beneficios del desarrollo del cluster.

Sonora es un estado rico en diversos recursos naturales, por lo que debe orientar su desarrollo a aprender a industrializarlos y a procesarlos, así como a desarrollar las actividades proveedoras de insumos, servicios de ingeniería y equipos necesarios para ello. Para reorientar el desarrollo productivo es necesario impulsar un modelo organizativo industrial como lo es el cluster, en donde se potencian los factores económicos para fortalecer el mercado interno y se promueve el desarrollo de las capacidades locales. Algunas industrias que operan en Sonora lo hacen bajo el concepto de cluster, como lo es la industria de la cría y procesamiento de becerros; sin embargo, existen fortalezas en otras industrias que pueden reorganizarse bajo este concepto. A continuación, dadas las capacidades y vocaciones de la entidad, se sugiere la conformación de tres clusters: el minero, el de turismo rural y el del sector alimentos, industrias reconocidas en Sonora que pueden crear sinergias valiosas para detonar el desarrollo de nuevas empresas, la generación de empleos, sistemas de proveeduría, reducción de costos y, en general, un mejoramiento de la competitividad estatal.

Cluster minero

Un subsector que ha generado un dinamismo creciente en Sonora en los últimos cinco años es el minero, que ha crecido de manera destacada, ya que ha pasado de una participación de 760.7 millones de pesos (a precios constantes de 1993) en el PIBE, a una participación de 984.4 millones de pesos en 2005 y ha generado más de catorce mil empleos. Más arriba dimos cuenta de los nuevos capitales canadienses y de otros países que han sido atraídos a Sonora para extraer algunos minerales valiosos como el oro, la plata, el grafito, la wollastonita, la barita, el carbón antracítico, el fierro y el sulfato de sodio, además del tradicional cobre y el molibdeno.

Sin embargo, más allá de la extracción de minerales y los empleos e ingresos generados en lo inmediato, los complejos mineros no crean encadenamientos productivos importantes que detonen la economía regional y diversifiquen las fuentes de ingresos, ya que las políticas económicas no contemplan los estímulos para el desarrollo de clusters industriales que, con una visión de largo plazo, promuevan la creación de nuevas empresas, fortalezcan la economía regional e impulsen un desarrollo sustentable en las comunidades donde se asientan.

El gobierno del estado debe promover la creación de clusters mineros en varias regiones sonorenses con fuerte vocación productiva por la minería, como Cananea, Nacozari, La Colorada, Cumpas, por sólo mencionar algunos municipios. El llamado cluster minero sonorense posibilitaría el crecimiento económico con diversificación y sustentabilidad, usando a la minería como eje articulador y asumiendo a esta importante actividad en una nueva concepción que incorpore como recursos estratégicos al conocimiento, la tecnología y las competencias laborales para potenciar el encadenamiento productivo de la industria minera. La sustentabilidad dependería, entonces, de aumentar el valor agregado de la producción y las exportaciones, retener excedentes de producción, fortalecer a las empresas regionales, aumentar el número de empresas con capitales locales y mejorar la calidad empresarial y su capacidad de gestión. Todos estos elementos permiten afirmar que la estrategia planteada descansa en la posibilidad objetiva de potenciar los encadenamientos como medio para el desarrollo.

Una de las razones principales que llevan a pensar en un cluster minero como estrategia de desarrollo económico regional es que en algún momento se agotarán los recursos en nuestras regiones mineras y su desarrollo futuro no podrá seguir basándose en la extracción de estos recursos, sino que lo tendrá que hacer a partir de éstos y de las actividades que se promuevan y desarrollen en torno a ellos, por lo que el planteamiento del modelo cluster minero no implicará sólo el desarrollo de esta actividad, sino que se buscaría, a partir de ella, fortalecer al resto de los sectores productivos. La idea es obtener los recursos, captar sus excedentes y reinvertirlos en otras actividades, con valor agregado, de manera que se diversifique la producción y exportación.

Algunas medidas y políticas que deben implementarse en Sonora para promover la creación de clústers mineros son las siguientes:

- Promover la atracción y estimular el establecimiento de proveedores nacionales o internacionales de insumos, tecnología y equipos, que hagan crecer la oferta de productos y servicios mineros, lo cual permitirá disminuir los costos de las empresas explotadoras de recursos mineros. Estos proveedores que llegarían a la región para servir al cluster minero generarían nuevas sinergias en la economía regional, pues podrían apoyar a otros sectores productivos e incentivar su crecimiento y desarrollo.

- Desarrollar la capacidad financiera para abrir oportunidades de nuevos negocios en las regiones mineras por medio de mecanismos como las garantías liquidas, apalancamientos y otros que pueda promover el gobierno estatal a través de sus fondos de apoyo a las empresas.
- Fortalecer en la Secretaría de Economía estatal la línea de trabajo de la minería con el fin de captar mayor inversión extranjera y lograr la instalación de empresas industrializadas, pues muchas de las empresas no se han venido a las zonas mineras por desconocimiento.
- Diseñar políticas de vinculación entre la industria minera y las universidades y centros de investigación para que se estimule una mayor y permanente interacción que permita mejorar la formación de los alumnos y los requerimientos de capacitación, de investigación, etcétera.
- Impulsar la ciencia y la tecnología del sector minero por medio de los recursos públicos como los fondos mixtos y los fondos sectoriales, además de promover un fondo específico para apoyo a temas diversos de la industria minera. Adicionalmente, es necesario crear los espacios de coordinación para la cooperación de las empresas a fin de estimular el desarrollo de la ciencia y la tecnología en minería en pequeña y mediana escala.

  Es importante incentivar la implementación de unidades tecnológicas para capacitación y transferencia del conocimiento, en asociación con instituciones académicas y empresariales, que permita desarrollar conocimientos y capacidades tecnológicas críticas.
- Promover la creación de condiciones legales, fiscales y de financiamiento para impulsar el desarrollo de negocios de base tecnológica asociados a la industria minera.

a) Marco legal y fiscal

- Promover la creación de incentivos fiscales a las actividades de ciencia y tecnología desarrollados por la industria minera.
- Brindar facilidades y simplificar los trámites administrativos para la instalación de empresas productoras de tecnologías de la industria minera.

b) Marco financiero

- Diseñar e instrumentar los mecanismos y políticas que incen tiven la creación de fondos de riesgo, garantías líquidas y apalancamientos.
- Promover la gestión del conocimiento a través de la creación de redes a escala mundial y crear condiciones para la gestión del conocimiento en el sector minero en Sonora, particularmente en favor de pequeñas y medianas empresas mineras.
  Promover la creación del Centro de Desarrollo del Conocimiento de la Minería Sonorense, donde confluyan los científicos, tecnólogos y empresarios de la industria minera.
- Fomentar el uso de la tecnología de la información, como una herramienta articuladora básica de la industria minera, por medio de la creación de portales mineros que contacten a proveedores, empresas mineras y clientes.

Con todo lo anterior, el cluster minero se convertirá en una herramienta de gestión para el contacto rápido y efectivo de proveedores de servicios, que fomentará la competitividad entre ellos con base en la calidad de los servicios, la oportunidad y la excelencia de sus gestores.

Con ello, y bajo el enfoque de que resulta imprescindible impulsar el desarrollo del cluster de la industria minera para garantizar el éxito futuro de la actividad en la entidad, particularmente entre las pequeñas y medianas empresas, es importante no dejar de considerar los siguientes aspectos que son estratégicos bajo esta visión de largo plazo de la minería estatal:

El enfoque en la pequeña y mediana empresa minera es muy importante por su aporte a la economía estatal en términos de generación de empleos y derrama económica, por lo que se requiere promover una política de apoyo diferenciado para estimular su participación y para favorecer su crecimiento y desarrollo.

Llama la atención que la tecnología de última generación que se utiliza para la explotación de los yacimientos y el procesamiento de minerales es importada de países como Suecia, Noruega, Canadá y Sudáfrica. Por lo tanto, si realmente queremos crear encadenamientos productivos en torno a la actividad minera, es importante que se impulse la ciencia y la tecnología aplicada a los procesos mineros de extracción y metalúrgicos y no sólo a los usos de los minerales. Esto requiere de una fuerte dotación de recursos de fondos mixtos o fondos sectoriales en investigación e innovación tecnológica.

Las instituciones de educación superior deben adecuar su oferta educativa para formar profesionales en la investigación y que estén integrados a la visión de largo plazo que debe promover el desarrollo de un cluster minero. De esta manera, los profesionistas egresados bajo este nuevo currículo podrán integrarse efectivamente a un modelo de desarrollo con una visión integral y sustentable de la minería.

La cultura empresarial que requiere ser estimulada activamente por la política económica estatal debe de centrarse en el desarrollo de nuevos negocios enfocados a proveer de bienes y servicios a la minería estatal, nacional y extranjera, así como a la industria pesada y la de la construcción. Para ello se requiere una readecuación de los esquemas de financiamiento bajo esquemas de capital de riesgo o garantías liquidas por parte del gobierno para atraer capital de la banca privada y de desarrollo.

Una última consideración es que, aun cuando para muchos minerales existen reservas probadas en Sonora, el enfoque respecto a la explotación masiva y la demanda de los minerales debe cambiar, pues las mayores reservas y la concentración de empresas mineras no garantizan el éxito de la industria. Por ello, así como es necesario estimular una política económica de desarrollo de clústers mineros, debe incentivarse con mayor intensidad la promoción económica que estimule la demanda.

Cluster de turismo rural

En la última década, el turismo se ha convertido en una de las principales actividades económicas de la mayoría de las zonas rurales de Sonora. Evidentemente, un factor clave para este desarrollo ha sido la evolución de los consumidores de turismo en cuanto a sus motivaciones y patrones de viaje, pero también la amplia y variada oferta en alojamientos que se denominan "rurales".

De acuerdo a Yagüe (2002), algunos factores que han incrementado el interés del turista por pasar su tiempo de ocio en el espacio rural son la calidad ambiental, la tranquilidad, el contacto con la naturaleza y los espacios no masificados, así como la preferencia por viajes de corta distancia y períodos vacacionales más breves.

En el caso de Sonora existe una fuerte atracción por las áreas rurales, pues gran parte de la población de las ciudades de la entidad tiene raíces familiares en estas regiones rurales, lo que promueve una identidad regional entre grupos importantes de la población de las ciudades con muchos municipios rurales, particularmente serranos.

Las consideraciones anteriores nos indican la urgencia de promover un cluster de turismo rural en Sonora como una aspiración y una necesidad de las regiones que actualmente se benefician del turismo debido a las condiciones de atracción por sus paisajes, su historia, sus alimentos, su cultura y su atractivo físico en general. En resumen, algunas actividades asociadas al turismo rural son la cacería en ranchos cinegéticos, el turismo de aventura, paseos por senderos interpretativos, paseos por rutas de misiones, turismo culinario, etcétera.

De acuerdo a Salido, López y Bañuelos (2003), regiones turísticas de Sonora asociadas a las playas, como San Carlos, Puerto Peñasco y Bahía Kino, entre otras, ya tienen infraestructura suficiente para desarrollarse y alcanzar niveles importantes, pues se han tejido redes de proveedores de servicios, comercio e infraestructura hotelera y restaurantera que facilitan la oferta y calidad turística. Sin embargo, para el turismo rural, la idea es poder desarrollar encadenamientos entre las empresas turísticas locales pequeñas y medianas proveedoras de servicios, con lo que se generaría una mayor cantidad de empleos y sinergias entre unas y otras y, de esa manera, se promovería su consolidación mediante el mejoramiento de su gestión, la productividad, la eficiencia, la calidad y la asociatividad. En este capítulo se recomienda el desarrollo de programas de certificación de calidad, incorporación de tecnologías de la información y comunicación, programas de cultura empresarial y programas de capacitación en administración de empresas turísticas.

Un programa para promover un cluster de turismo rural debe procurar sistematizar el conocimiento en áreas del desarrollo turístico y de bienes y servicios utilizados por esta actividad. Además, con este programa se fortalecería la vinculación entre empresas y centros e instituciones de educación superior con programas de turismo con un enfoque regional, complementando la base empresarial actual con una nueva generación de empresarios que generen servicios turísticos de alto valor y calidad, mediante el aporte de capital semilla para nuevos proyectos empresariales.

Mediante este programa se atraerían inversiones tanto nacionales como extranjeras, especialmente en el desarrollo de infraestructura turística, lo que permitiría capturar regionalmente en mayor cantidad la demanda proveniente de la actividad. La promoción de inversiones puede tener eco favorable entre los sonorenses radicados en ciudades de Estados Unidos, particularmente del suroeste.

Es decir, el programa de desarrollo del cluster de turismo rural traería como beneficio la proliferación de proveedores de bienes y servicios locales para las empresas turísticas capaces de ofrecer productos y servicios competitivos en calidad y precio, lo que es un valioso activo que fortalece el desarrollo de la actividad. Se posibilitan de este modo ahorros en costos y se garantiza un acceso rápido y eficaz a la capacitación, asistencia técnica y compra de insumos de acuerdo a necesidades que nunca son totalmente previsibles.

Por lo tanto, para las empresas turísticas existe un atractivo directo en desarrollar el cluster de turismo rural, ya que éste mejoraría sus costos y rentabilidades, sumado a los beneficios que en el largo plazo surgen de un desarrollo de negocios como parte más integrada y responsable de la comunidad en que opera.

Para que el cluster funcione se requiere de compromisos entre los actores, tanto públicos (p. ej., proveer los instrumentos para que las medianas y pequeñas empresas puedan certificarse y mejorar en calidad y precio) como privados (p. ej., sector responsable del compromiso que asume una empresa para contribuir al desarrollo económico sostenible).

Cluster del sector alimentario

Como se señaló anteriormente, para definir la existencia de un cluster se requiere la concurrencia de algunos elementos, como son: la existencia de un territorio determinado; que exista un producto eje alrededor del cual se generen sinergias; que exista una concentración territorial de empresas; que existan relaciones de competencia y colaboración; que se produzcan economías de escala que disminuyan los costos del proceso productivo y de gestión, de la innovación y el aprendizaje tecnológico; que existan bienes, productos, servicios e insumos que se inserten en una cadena de valor tal que efectivamente se posibilite la interrelación vertical y horizontal de carácter estratégico de las empresas concentradas en un territorio; que existan (o potencialmente existan) relaciones público-privadas que potencien la capacidad competitiva del sector y que exista un producto diferenciable cuyo desarrollo se potencie a partir de la existencia de condiciones naturales exclusivas.

Dado lo anterior, en el diseño e implementación de un programa para desarrollar y fortalecer un cluster no puede utilizarse la misma logica que para un programa de desarrollo sectorial, sino que deben considerarse acciones que apunten a desarrollar y fortalecer, de una manera sistémica, los diferentes elementos que lo definen.

Ahora bien, un cluster se constituye en un sistema competitivo, dado que corresponde a un sistema formado por un conjunto de empresas agrupadas en un territorio a partir de la existencia de diferentes factores que se refuerzan. En este sentido, el objetivo general que se persigue con un programa de desarrollo de clústers es el de mejorar la competitividad del mismo.

Por lo anterior, el implementar un programa de impulso al cluster del sector alimentario para Sonora no sólo debe ser prioritario, sino estratégico para aumentar la competitividad. Bajo este enfoque es posible crear sinergias entre empresas que se fortalezcan dentro de los *clusters de la ganadería, el cluster vitivinícola, el cluster acuícola, el cluster de la carne de puerco, el cluster del bacanora* (Núñez, 2004; Núñez, Salazar y Acedo, 2008), *el cluster del trigo, el cluster de los lácteos*, entre otros, que permitirían reposicionar a Sonora en la vanguardia en la producción mundial de alimentos de calidad y mantener su liderazgo nacional con productos de alto valor agregado y calidad suprema.

El Instituto Sonorense del Valor Agregado

Michael Porter (1985) desarrolla el concepto de cadena de valor empresarial, o cadena de valor, y lo define como un modelo teórico que describe el desarrollo de las actividades de una organización empresarial. De este modelo se desprende el concepto de valor agregado, que es tan importante para las economías locales. Para impulsar los encadenamientos productivos que agreguen valor a la producción primaria en Sonora es necesario promover la creación de una oficina dependiente de la Secretaría de Economía, un organismo que estudie, investigue y analice los efectos, los mecanismos y la eficiencia de la integración de empresas y diseñe e instrumente las políticas de valor agregado y de integración de cadenas bajo el concepto de clusters.

Es necesario promover la creación de un Instituto Sonorense de Valor Agregado que defina las estrategias de integración de eslabones integradores de cadenas, que proponga las políticas económicas al ejecutivo, que promueva las leyes de fomento a la integración de cadenas y clusters al legislativo, que facilite oportunidades de negocios en donde detecte fortalezas y que desempeñe un papel promotor del desarrollo desde la perspectiva del valor agregado a la producción primaria.

Este Instituto Sonorense de Valor Agregado debe ser la dependencia que tenga como objetivo el impulsar y coordinar los esfuerzos de las empresas del sector primario que deseen reestructurar sus procesos para la incorporación de desarrollos científicos y tecnológicos que agreguen valor a su producto, como lo es la incorporación de procesos de industrialización, empaques, envases y contenedores, vida de anaquel, estudios nutricionales y de composición físico químico, calidad y trazabilidad, entre otros. Este Instituto de Valor Agregado proveería también servicios de análisis y búsqueda de mercados, detectando, en coordinación con los productores, los nichos de oportunidad y sugiriendo, impulsando y gestionando el financiamiento para realizar las adecuaciones tecnológicas y científicas que posicionen los productos desarrollados en los nuevos mercados detectados.

Programa de impulso a las MIPYMES desarrolladoras de productos regionales

El gobierno del estado debe ser el principal promotor de las MIPYMES, empresas que son la base de las economías locales y por décadas han estado marginadas de las políticas de desarrollo económico. Estas empresas se distinguen por su persistencia y su lucha por la sobrevivencia, y es en este sector empresarial donde confluyen los sueños, los proyectos y la creatividad de un importante grupo de empresarios que contribuyen a generar la mayor parte de los empleos y de la riqueza estatal. En este sector se promueve el desarrollo de productos tradicionales y son los que mayormente dan identidad regional a la producción. Destacan los productores de quesos, de jamoncillos, de obleas, de coyotas, de artesanías, de bacanora, de salsas y de tantos productos que vemos en las ferias rurales.

Pese a que varias instituciones educativas han impulsado modelos de desarrollo para las MIPYMES, el Centro de Investigación en Alimentación y Desarrollo (CIAD) ha desarrollado un modelo enfocado a este perfil de empresas, el cual tiene la capacidad de industrializar las actividades tradicionales de producción de bienes con identidad regional, sustentando el impulso a la protección de la creatividad empresarial sonorense por medio de la Denominación de Origen, concepto de creciente reconocimiento nacional e internacional que permite crear una estrategia para proteger y desarrollar productos regionales.

Esta estrategia de la denominación de origen permite a una entidad contribuir a combatir la pobreza, pues es generadora de empleos y promotora del desarrollo de nuevas industrias. Además, abre la posibilidad de nuevos mercados para productos regionales al mismo tiempo que se constituye en una herramienta de gestión estratégica de mercadotecnia. La estrategia de la denominación de origen contribuye a mejorar la posición de Sonora en el mercado global, pues crea ventajas competitivas y agrega valor a los productos regionales.

Algunas ventajas de la denominación de origen para productos sonorenses es que garantiza al consumidor un nivel de calidad y autenticidad por medio de la incorporación, en el modelo desarrollado, de una norma oficial mexicana y la creación de un consejo regulador que verifica y hace cumplir la normatividad vigente, con lo cual se protege de las acciones de productores de otras regiones que se quieran beneficiar del prestigio creado por los productores originales, ya que proporciona un marco estricto y legal de defensa y protección del producto contra la piratería. Adicionalmente, esta estrategia fomenta y favorece la organización de los productores y facilita su acceso a los mercados nacionales e internacionales con productos originales y exclusivos, además de que les proporciona una promoción adecuada.

CAPÍTULO 8

El impulso a la investigación científica y tecnológica y a la innovación

El mundo moderno se está desarrollando a pasos agigantados. Este crecimiento se debe en gran medida a la revolución tecnológica y científica impulsada por la electrónica, la informática y la mecatrónica, entre otras ramas que han creado una infraestructura de comunicación y de procesamiento de datos sin precedentes. El desarrollo de softwares especializados ha facilitado todas las actividades económicas, pues sistematiza acciones y ordena comandos para la toma de decisiones sencillas, amigables y precisas, con lo que disminuye en las empresas el error humano derivado del cansancio o de las acciones repetitivas, hace más eficientes y rentables a las empresas y aumenta su productividad y su competitividad.

Esas aportaciones de la ciencia, la tecnología y la innovación al mundo moderno son el resultado de las inversiones de algunos gobiernos en esquemas educativos que promueven una educación de calidad acompañados de políticas dirigidas a apoyar a empresas comprometidas con el desarrollo de la creatividad, con el estimulo a trabajadores que innovan procesos y crean nuevos productos. Son el resultado del impulso a la creación de un acervo científico, que desde cada empresa, centro de investigación y universidad, están mejorando permanentemente la tecnología, desarrollando la ciencia y apoyando investigaciones pertinentes, como sucede en Estados Unidos, Alemania, Japón y, más recientemente en Corea del Sur, China e India.

En México pareciera que el modelo a impulsarse es el contrario al requerido para crear las bases para el desarrollo de un modelo de economía del conocimiento, pues las inversiones públicas en ciencia, tecnología e innovación se han reducido drásticamente. Aun cuando la Ley de Ciencia y Tecnología estipula que el gobierno debe destinar el 1 por ciento del PIB nacional a ciencia y tecnología, tan sólo en los últimos ocho años la inversión destinada a estos conceptos ha caído de 0.4 a 0.34% del PIB. Por lo anterior, tenemos cifras tan desproporcionadas como la siguiente: en Estados Unidos se destina un presupuesto equivalente a novecientos sesenta dólares por habitante a la ciencia y la tecnología, en España es de cuatrocientos dólares por habitante, mientras que en México la cifra se reduce a sólo veinte dólares por habitante. Además, en México la educación pública, de calidad, especializada y dirigida a preparar a los científicos del futuro deja mucho que desear y el sistema de educación privado trata de suplementar una oferta educativa que responda a los nuevos retos y los nuevos requerimientos que plantea el mundo moderno.

Nuestro país carece de una política pública que permita remediar la problemática del sector científico y tecnológico y la Ley de Ciencia y Tecnología, que debiera sentar las bases para impulsar la investigación científica y tecnológica, es Ley muerta. En México, en los últimos cincuenta años sólo se han impulsado dos acciones destacadas en apoyo al desarrollo del sector: la creación del Consejo Nacional de Ciencia y Tecnología en 1970 y la creación del Sistema Nacional de Investigadores en 1984.

Un mecanismo para que México pueda incrementar la calidad de la investigación, el desarrollo tecnológico y la creación de riqueza que convierta al país en una nación desarrollada, es a través del aumento a los recursos presupuestales del gobierno destinados al desarrollo de la ciencia, la tecnología, la innovación y la educación. Con el aumento de recursos presupuestales en estos rubros será posible aumentar la cantidad de especialistas con doctorado y de retenerlos con empleos bien remunerados para que no abandonen el país, pues de acuerdo a la Academia Mexicana de Ciencias, en México se producen dos mil quinientos doctores al año, mientras que en Estados Unidos se producen cincuenta mil.

En Sonora se ha avanzado en acciones que faciliten la transición de un estado caracterizado y reconocido por su producción primaria a un estado vanguardista, en: 1) esquemas productivos que agregan valor a la producción primaria, 2) esquemas de industrialización que potencian las capacidades productivas y, 3) esquemas que promueven un sector de comercio y servicios más eficiente y competitivo.

Sin embargo, resulta necesario trabajar más en la integración de la educación con las actividades productivas y sociales de la entidad y fomentar la investigación pertinente, tanto básica como aplicada, en los centros educativos y de investigación, con el propósito de generar nuevas estrategias de desarrollo a partir de las capacidades científicas, tecnológicas y de innovación de la comunidad investigadora de la entidad. El objetivo es desarrollar una nueva generación de niños y jóvenes con educación de primer mundo que les permita en el futuro adquirir las herramientas teóricas y metodológicas necesarias para competir en la era de la globalización con herramientas modernas, así como estimular sus capacidades creativas e innovadoras para pasar de la economía de la *manufactura* a la economía de la *mentefactura*, de la economía basada en las capacidades y habilidades manuales a la economía del conocimiento.

La economía del conocimiento

Los modelos de crecimiento endógeno han enfatizado la importancia del conocimiento en la productividad, en la competitividad y, por lo tanto, en el desarrollo económico, eliminando el postulado de rendimientos decrecientes en la producción planteado por Solow (1956). El nuevo esquema planteado por el desarrollo científico y tecnológico, que se manifiesta en la incorporación del conocimiento en la teoría del crecimiento económico, destaca la importancia del capital humano, pues tanto el conocimiento como el capital humano incorporados en la producción económica inciden favorablemente en las capacidades productivas.

En estos modelos de incorporación del conocimiento en el desarrollo económico destaca el concepto de Economía del Conocimiento. Este concepto rompe los esquemas tradicionales que utilizan factores de la producción como capital y trabajo y los enriquecen con conceptos como capital humano, tecnología e información, como aspectos relevantes de la inserción de las economías nacionales en los mercados globales, para la cual se prioriza la inversión de recursos en la generación, distribución y utilización del conocimiento. En una economía del conocimiento la comunicación, la educación y la información no son factores externos del proceso de producción, sino que influyen de manera directa en dicho proceso y, pueden incidir en el incremento de los factores de la producción tradicionales e incluso transformarlos en nuevos productos y procesos (OCDE, 1996).

En esta nueva concepción, la economía del conocimiento se presenta como una amalgama compleja de políticas y fuertes inversiones públicas en educación, investigación científica, innovación, generación y manejo de bases de datos y desarrollos tecnológicos. Asimismo, tiene también como aspecto fundamental la inversión de las empresas en la mejora de productos y procesos, en la capacitación y entrenamiento de sus empleados en manejo de softwares, redes de información, manejo de equipo de cómputo, etcétera. Adicionalmente, la capacitación se centra en la reducción de la llamada Brecha Digital, que se define como aquella que separa a los países que tienen acceso a las nuevas tecnologías de la información y comunicación, como son el internet, las computadoras y la telefonía celular (Fundación Este País, 2006).

Las nuevas tecnologías de la información y la comunicación son también útiles para construir redes al interior de las organizaciones y entre personas para facilitar la administración y gestión de procesos, para incrementar la integración de las empresas y la productividad y para disminuir los costos de acceso a la información (PNUD, 2001; OCDE, 2002).

Es importante que en Sonora se den los primeros pasos para consolidar en el largo plazo una economía basada en el conocimiento, para impulsar el desarrollo económico y social con base en el conocimiento, para lograr pasar de la manufactura a la mentefactura, es decir, de una producción cuyo principal componente es la mano de obra con baja calificación y capacitación, a una economía en donde el trabajador más importante y productivo es el que usa su mente y su conocimiento como instrumentos para lograr una mayor productividad. Sonora tiene que trazarse un rumbo, una dirección de largo plazo, en donde el conocimiento y el capital humano sean precondiciones para lograr un desarrollo sustentable. Para lograrlo es necesario sembrar la semilla en las y los niños y jóvenes sonorenses, estimulando la creatividad y la inventiva por medio de programas educativos que impulsen las capacidades de aprendizaje y detecten desde temprana edad a las mentes con talentos especiales que creen la base de una nueva generación de especialistas en ramas fundamentales de la ciencia, la tecnología y la innovación.

La economía del conocimiento requiere de la construcción de un andamiaje que cimiente la edificación con base a tres elementos que, en la experiencia de las ciudades o regiones del mundo que han incursionado en este esquema, dan cuerpo a la visión de este concepto: la infraestructura, la ciencia y la tecnología y la cultura y las artes. Una combinación de dos o los tres conceptos genera excelentes resultados en el desarrollo integral de la economía basada en el conocimiento.

Sin embargo, el marco legal es también muy importante, por lo que es necesario el diseño e instrumentación de una Ley para el Desarrollo con base en el Conocimiento, similar a la que se ha impulsado en Nuevo León, para promover las acciones estratégicas y la búsqueda de recursos necesarios para alcanzar este objetivo.

Adicionalmente, es necesario contar con la institución que impulse las acciones y encabece la promoción de las políticas y programas de la economía basada en el conocimiento, una institución mixta conformada por los tres actores esenciales: el sector gobierno, el académico y el productivo, componentes que crean las sinergias suficientes para que la sociedad del conocimiento sea una realidad (Robles, Molina y Fuentes, 2005).

Esta institución, dependiente de la Secretaría de Economía Estatal, deberá promover el desarrollo tecnológico y la innovación y centrarse en las estrategias siguientes: 1) promover la innovación en los centros de investigación e instituciones de educación superior, así como en las empresas sonorenses; 2) promover y divulgar la cultura empresarial; 3) crear los incentivos fiscales para las empresas que generen innovaciones; 4) generar los esquemas de apoyo financiero para las empresas innovadoras y, 5) promover la atracción de empresas y centros de investigación de áreas que potencien las capacidades productivas de Sonora.

De acuerdo a un documento elaborado por la Fundación Friedrich Naumann Stiftung (2005), para promover una economía basada en el conocimiento es necesario trabajar en: 1) un mayor impulso al crecimiento, 2) ampliar la cobertura y la calidad de los servicios, 3) ampliar el acceso y el uso de la infraestructura de la información y, 4) enfocarse en la capacidad de generación de conocimiento.

Mayor impulso al crecimiento

Aun cuando nuestro país ha dado pasos importantes para consolidar la estabilidad macroeconómica, son evidentes las disparidades entre regiones, así como al interior de las regiones, por lo que bajo este modelo se vuelve prioritario que el país, y de manera particular Sonora, mejore la cobertura y la calidad de la educación, estimulando la generación y el uso del conocimiento producido en universidades, centros de investigación e instituciones de educación superior, estableciendo incentivos y mejorando las condiciones para el desarrollo de la actividad empresarial.

Ampliación de la cobertura y calidad de los servicios

La economía del conocimiento requiere competencias relacionadas con el desarrollo de aptitudes para el manejo de nuevas tecnologías, así como capacidad para resolver problemas, habilidades analíticas, competencias para el trabajo y el aprendizaje en equipo y habilidades para comunicar ideas y conocimientos de manera efectiva. Para lograr lo anterior, en Sonora es necesario fortalecer la cobertura de educación primaria, pero es necesario ampliar la cobertura en educación secundaria y preparatoria y que se haga efectiva la obligatoriedad de diez años de educación, así como implementar un programa que garantice cero por ciento de abandono escolar en primaria y secundaria.

Ampliar el acceso y el uso de la infraestructura de la información

Para que la economía del conocimiento permee a las comunidades más alejadas de las ciudades y a los núcleos de población sonorense en general, es necesario extender el acceso a la telefonía y a las computadoras para comunicar a las regiones aisladas geográficamente para vincularlas con la economía del conocimiento, aunado a la ampliación de las redes de telecomunicaciones, el diseño y la operación de los sistemas de información, así como a la capacitación de los recursos humanos necesarios para el desarrollo y uso de la infraestructura de la información.

Enfocarse en la capacidad de generación de conocimiento

Las grandes ciudades han acaparado el conocimiento, por lo que su federalización podría lograrse a través de la integración de una red de comunicación de la información eficiente que reduzca las diferencias entre entidades y entre regiones, aunado a la generación de un marco regulatorio adecuado y moderno que estimule la ampliación de la cobertura de servicios educativos. Además, es necesario promover una legislación equivalente entre las entidades federativas que garantice la igualdad de oportunidades a regiones rezagadas, creando vínculos para ampliar los beneficios del uso y la generación del conocimiento a un mayor número de personas (Fundación Friedrich Naumann Stiftung, 2005).

Para ampliar las capacidades de generación del conocimiento es necesario trabajar con las nuevas generaciones de estudiantes, sembrando la semilla en quienes tendrán la responsabilidad de impulsar estas acciones a niveles de mayor complejidad. Por ello, es importante acompañar las políticas económicas de una revisión a la Ley de Educación del Estado de Sonora para que ésta contemple las previsiones en materia de fomento a la educación de calidad, pero, sobre todo, los estímulos a las instituciones de educación superior para que de manera efectiva integren sus programas académicos a la demanda real de la economía.

Adicionalmente, es importante que por ley se impulse la formación de niños y jóvenes en programas de desarrollo de habilidades empresariales y de creatividad e innovación. De esta manera se estará estimulando el desarrollo de individuos con formación y vocación empresarial, así como con una visión integral del conocimiento y de su importancia en el desarrollo económico y social.

Programa de transferencia de tecnología a sectores productivos

Para poder potenciar las capacidades productivas de las regiones e impulsar la competitividad estatal, es necesario impulsar la creación de *sistemas regionales de generación de conocimientos de investigación* que desarrollen ciencia, tecnología e innovación, vinculados estrechamente con los sectores productivos. También se puede impulsar el desarrollo de líneas de investigación y capacitación con enfoques de intervención en instituciones como Unisierra, CIAD, Unison, Colson, Cruno, Itson, etcetera, de acuerdo a su localización estratégica y a las capacidades de sus recursos humanos y de equipamiento.

A las capacidades formativas de estas instituciones podría agregarse un reenfoque hacia la investigación científica y tecnológica en desarrollo forestal, ganadería, minería, agricultura orgánica, acuacultura, entre otras líneas de investigación pertinentes a la dotación de recursos y a la vocación productiva serrana, con el objetivo de fomentar la formación de recursos humanos con capacidades de investigadores y tecnólogos.

En algunas instituciones educativas con presencia en la sierra sonorense se podría plantear la restructuración de los programas de estudio para estrechar más la oferta educativa con la demanda de las empresas y las necesidades sociales de las regiones en donde se encuentran enclavadas, fomentando la cultura de la investigación con pertinencia e impulsando los proyectos de amplia derrama económica y generadores de empleos y con repercusiones importantes en los ingresos de las poblaciones locales.

Programa de educación para desarrollar habilidades especiales y construir la vocación emprendedora

Sonora puede situarse en la vanguardia de la educación nacional por medio del diseño de una política educativa que promueva la calidad de la educación bajo un programa pedagógico que estimule la creatividad y la inventiva en los estudiantes sonorenses en los que desde la primera edad se detecten habilidades especiales, a fin de proveerles de una educación especializada que potencie sus capacidades. El programa, promovido por la secretaría de educación pública en Estados Unidos, se llama Gifted and Talented Education (Educación para Niños con Habilidades Especiales) y ha sido semillero de grandes talentos que se han destacado en el desarrollo científico y tecnológico del país vecino del norte.

Este exitoso programa está dando resultados muy valiosos en Estados Unidos y es considerado un programa de equidad, ya que brinda a estudiantes con capacidades sobresalientes el derecho de una educación adecuada a sus necesidades para que alcancen su verdadero potencial. Este programa define a los niños con *habilidades especiales* como aquellos niños y niñas que tienen una o más habilidades desarrolladas a un nivel significativamente por encima del grupo escolar al que pertenece o con potencial para desarrollar esas habilidades. El concepto de habilidades especiales describe a los estudiantes que destacan por su excelencia académica en una o más materias como matemáticas, biología o historia. Describe también a los estudiantes que destacan por su excelencia en habilidades prácticas tales como deportes, liderazgo, educación artística o manualidades. Esta modelo debe fundamentarse sobre la base de que hay estudiantes con habilidades especiales en cada grupo escolar y, debido a que este grupo especial está distribuido por igual en la población, el grupo de estudiantes destacados debería ser representativo de toda la población escolar.

Los objetivos de un programa específico para estudiantes con habilidades especiales debe ser no sólo mejorar sustancialmente los resultados de los estudiantes, particularmente de los que presentan mayores desventajas de aspiraciones, motivaciones y autoestima. También debe mejorar la calidad de los maestros, de las áreas de apoyo y la oportuna identificación de estudiantes con estas habilidades en las escuelas y los salones de clase. Y, por último, se deben mejorar las oportunidades y el apoyo de aprendizaje extraescolar para los estudiantes por medio de estímulos y apoyos a los padres, los maestros y las escuelas de la entidad.

Para lograr implementar un programa exitoso, que genere resultados favorables en el largo plazo, es necesario establecer un compromiso que priorice un esquema de identificación de estudiantes con habilidades especiales, particularmente a los provenientes de comunidades o escuelas con desventajas educativas. Es necesario también desarrollar una planta de maestros especializados en educación especial para niños con habilidades especiales y asegurarse de que todas las escuelas tengan acceso a profesores especializados.

Programa de Administración de Propiedad Industrial

Sonora puede colocarse en la vanguardia de las políticas de innovación y creatividad por medio de la creación de un programa de estímulos a la inventiva y la capacidad creadora de los sonorenses. Un programa que fomente la propiedad industrial por medio de capacitación en temas de administración de propiedad industrial, fomento a la inventiva y registro de patentes y marcas.

Aun cuando en Sonora se producen pocas patentes, los empresarios sonorenses son fuente de conocimientos, ideas, inventivas, nuevos productos, servicios y procesos. Para optimizar el aprovechamiento del capital intelectual de nuestra entidad es necesario proteger sus derechos de propiedad intelectual, por lo que el programa de administración de propiedad industrial, en coordinación estrecha con el Instituto Mexicano de Propiedad Industrial, debe proveer de asesoría y asistencia al empresario sonorense en los temas de información y documentación sobre los medios de protección de la propiedad industrial, registro de marcas e invenciones, gestión de solicitudes y realización de convenios y contratos.

Programa de creación de una incubadora y aceleradora de negocios del sector alimentario

La incubación y aceleración de empresas debe considerarse prioritario para Sonora, impulsada por una política intensa de gestión de apoyos por el gobierno estatal a favor de las instituciones de educación superior y centros de investigación, utilizando los fondos mixtos, los fondos sectoriales y otros disponibles que permitan potenciar las capacidades productivas de las empresas sonorenses.

Por la vocación productiva de Sonora hacia la producción de alimentos, el gobierno estatal debe impulsar activamente en Sonora el desarrollo de una Incubadora y Aceleradora de Negocios del sector Alimentario, la primera en México, que se posicione con temas de vanguardia en áreas estratégicas prioritarias de la nutrición, tecnologías de origen animal, tecnologías de origen vegetal, microbiología y biotecnología, entre otras.

Esta incubadora y aceleradora de negocios del sector alimentario debe concebirse como un plataforma de impulso a la creación y aceleración de negocios que aproveche las capacidades humanas y físicas, las relaciones entre instituciones y la capacidad de inventiva y de investigación en temas estratégicos de Sonora. Con esta incubadora no sólo se promoverá el desarrollo científico, tecnológico y las innovaciones aplicadas a los sectores productivos, sino que se les facilitará a las industrias programas para potenciar sus capacidades, creando una vinculación real y efectiva entre centros de investigación y empresas que les brinde acceso a las herramientas, metodologías, recursos y relaciones necesarias para crecer y desarrollar su capacidad de sobrevivir en el mercado abierto con eficiencia y competitividad.

Este programa de incubadora debe proveer un espacio para que los emprendedores sonorenses incuben sus ideas apoyados con tecnología de primer nivel, rodeados de un ambiente que estimule la creatividad y la innovación, un lugar en que los empresarios tengan una base de apoyo para la solución de los problemas de sus empresas en las primeras etapas de su desarrollo y en el proceso de crecimiento o consolidación.

En este trabajo entre la incubadora y la empresa a incubar o acelerar se definirán los problemas a solucionar y los instrumentos que se utilizarán para resolverlos, ya sea a través de capacitación, asesoría, consultoría o gestoría, dependiendo de las capacidades internas de la empresa, sus recursos disponibles o la magnitud del proyecto de solución.

Las funciones que debe desempeñar esta dependencia son:

- Facilitar la creación de empresas exitosas y ayudarles a que agreguen valor a sus servicios y productos, empresas o asociaciones.
- Contribuir a mejorar el desempeño de las empresas existentes y lograr que compitan en los mercados locales e internacionales, mediante la prestación de servicios de consultoría y asesoría.
- Incrementar la competitividad de las empresas mediante el diseño e instrumentación de esquemas de asociación estratégica que potencie su productividad, disminuya costos y les permita un mayor acceso a mercados.
- Facilitar y promover en los sectores empresariales, gubernamentales y sociales el desarrollo de nuevas áreas de oportunidad y de negocios.

- Desarrollar sistemas de información de inteligencia competitiva para la detección de necesidades, oportunidades de negocio y desarrollo de proyectos.
- Promover la articulación entre las grandes empresas y las MIPYMES en cadenas productivas.
- Promover la generación de nuevas tecnologías y avances científicos que permitan a las empresas del sector alimentario ser más competitivas.

CAPÍTULO 9

El fomento a la cultura empresarial

En las economías modernas la cultura empresarial aporta el esquema de valores que rige las relaciones entre las empresas y los empresarios. La cultura empresarial, en este sentido, es descrita por Sáez Vacas (1996) como "la perspectiva o punto de vista, imagen o modelo del mundo, que da sentido a este sistema y a su proceso de transformación".

Montesinos (1995) define la cultura empresarial como el conjunto de valores, principios, normas, percepciones de vida, conocimientos de los procesos productivos, etcétera. Comprende las reglas y normas efectivas de conducta profesional, las fronteras entre comportamiento competitivo y no ético y la aplicación de los códigos de conducta en las negociaciones. Así pues, la política empresarial, así como la política industrial, están relacionadas con el entorno cultural, sociopolítico y económico en los cuales se incuba y desarrolla. De esta manera, la cultura empresarial inhibe el crecimiento de grandes compañías en algunas sociedades, lo permite en otras y estimula el surgimiento de nuevas formas de empresa económica (Fukuyama, 1996).

En una economía como la mexicana, el liderazgo empresarial proviene de las empresas más grandes y de los grupos económicos consolidados. Su disposición para invertir en los proyectos más importantes y para abrir nuevos mercados incide significativamente en la trayectoria de productividad del conjunto. En este mismo ámbito, juegan un papel importante las empresas transnacionales, a través de su vinculación con los gobiernos que promueven la atracción de inversiones y crean las condiciones para impulsar a las empresas líderes, en los ámbitos regional y local.

Para poder insertarse y mantener su presencia en los mercados globales, el gobierno de México ha trabajado en la modernización del marco jurídico regulador de la actividad empresarial. Aun cuando falta mucho por hacer, lo anterior ya se ha traducido en la creación de leyes que buscan fomentar la competitividad, estimular la productividad, reducir la burocracia y simplificar los procedimientos administrativos. Estas políticas públicas han tenido efectos favorables en reducir la corrupción y transparentar los procedimientos y el manejo de las finanzas públicas, a fin de crear un entorno en el cual el empresario pueda tomar decisiones con mayor certidumbre y confianza, planificando sus actividades con una visión de largo plazo.

Apoyo a las pequeñas y medianas empresas

Si bien es cierto que muchas entidades federativas han promovido políticas de fomento y apoyo a las pequeñas y medianas empresas, estas políticas no dejan de estar subordinadas a los objetivos de la política macroeconómica y de competitividad del gobierno federal. Las estrategias seguidas han tendido, en general, a dejar de lado a las empresas medianas, para concentrarse en las empresas pequeñas y crecientemente en las microempresas, fundamentalmente por su importancia destacada en la generación de empleos.

Por lo anterior, en Sonora es necesario redirigir la política de fomento y apoyo a las pequeñas y medianas empresas, particularmente promoviendo la gestión estratégica de clusters o conglomerados productivos e impulsando la articulación empresarial y productiva, ya que bajo esta estrategia se optimizan los recursos públicos al canalizar instrumentos de apoyo, pues estos se dirigen a necesidades colectivas y se enfocan a solventar requerimientos interdependientes, además de la optimización de los recursos por la operación en un entorno territorial común, precondiciones de actuación sistémica (sector-territorio) relacionadas al funcionamiento del cluster.

Redimensionamiento del apoyo empresarial

La mayoría de los programas de apoyo a las pequeñas y medianas empresas se enfoca a impulsar las capacidades productivas y la competitividad por medio del entrenamiento, la capacitación, la mejora continua de la calidad, los incrementos a la productividad y el acceso a la información para la mejor toma de decisiones, dejando de lado las consi -

deraciones especiales hacia las mujeres como participantes activas de la generación de riqueza y como agentes destacadas dentro del ámbito de la creatividad empresarial. Estos programas se enfocan hacia la mujer en consideración a su vulnerabilidad (Osterhaus, 1999) o para hacer justicia de género, pero no por consideraciones de capacidades empresariales, gerenciales o administrativas, precondiciones para un aporte económico significativo al desarrollo de empresas.

Bajo esta óptica tan limitada y un enfoque tan estrecho, los programas de fomento a las mujeres emprendedoras se reducen a una serie de incentivos o apoyos escasos, de subsistencia, bajo componentes étnicos o bajo condiciones de alta marginación y vulnerabilidad, lo que convierte a los apoyos en un mero asistencialismo y no en un verdadero y vigoroso programa de impulso a la creatividad y a las capacidades empresariales de la mujer, en donde se privilegien estrategias que mejoren su actividad económica y posicionamiento, como la asociatividad, el financiamiento suficiente y oportuno, el acceso a nuevas tecnologías y a desarrollos científicos, a estrategias que permitan su participación en la promoción y en la búsqueda de nichos y nuevos mercados y que aborden también aspectos culturales que limitan u obstaculizan el acceso a a los factores productivos, como la tierra en áreas rurales, el capital o la educación.

Las empresas informales en la economía sonorense

No obstante que en Sonora se reconoce un esfuerzo importante por impulsar la economía formal, la de las empresas que cumplen sus obligaciones fiscales y trabajan a la luz de las leyes, normas y regulaciones vigentes, prevalecen rezagos importantes de empresas que se amparan en la informalidad para evadir la tributación. Sin embargo, son empresas que generan empleos, producen y comercializan bienes y servicios en los mercados formales, estableciendo relaciones interdependientes con las empresas que constituyen a estos. Algunos estudios indican que alrededor de dos tercios de los nuevos empleos de trabajo creados en México en los años noventa se generaron en el sector informal.

En los últimos años en Sonora se ha impulsado una política a través del llamado Régimen de Pequeños Contribuyentes (Repecos), con el objetivo de combatir la informalidad e incluir a las empresas en la base de tributación. Sin embargo, los esfuerzos deben dirigirse con más fuerza a entender las causas de la informalidad, como los altos costos de registro de una empresa o el tiempo tan grande que se requiere y la cantidad de trámites necesarios para lograrlo. Adicionalmente, la sobreregulación característica de México obliga al empresario a cumplir numerosos requisitos en materia de impuestos, permisos de operación, reglamentaciones y normatividades laborales y protección al ambiente, entre otros, que se erigen como barreras que obstaculizan la entrada a la formalidad y reducen el acceso a financiamientos, promoción y acceso a mercados.

Por la experiencia que se tiene, es necesario que, sin coartar la importante y destacada capacidad empresarial que es parte inherente de la empresa informal, se promuevan, diseñen e instrumenten las políticas de fomento a la economía formal, creando los incentivos fiscales para acercar a las empresas informales, incubándolas, proveyéndoles de las facilidades tecnológicas, de conocimientos e información, de financiamiento, de promoción, de simplificación tributaria, de trámites sencillos y rápidos y de todas las facilidades para que, bajo un nuevo pacto entre gobierno y empresas informales, se transite hacia la formalidad que potencie las capacidades generadoras de riqueza de los pequeños y medianos empresarios.

Las políticas de integración y formación empresarial

Derivado de la amplia experiencia de los estudiosos del desarrollo de las empresas, se han acuñado conceptos como "clusters" (Porter, 1990), "encadenamientos productivos", "cadenas de valor", "sistemas locales de innovación", "redes territoriales" (Schmitz, 1995), entre otros, que nos hablan de la imperiosa necesidad que tienen las empresas de integrarse de manera asociativa entre ellas para potenciar las capacidades individuales al trabajar organizadas en torno a un proyecto integrador, con el propósito de que esta integración repercuta en el aumento a la productividad y la eficiencia, la reducción de costos de transacción, la aceleración del aprendizaje y la difusión de los desarrollos científicos y tecnológicos. Es así que los gobiernos han entendido que los nuevos esquemas de asociatividad e integración entre empresas requieren de políticas de fomento y apoyo a los clusters y a las cadenas productivas y de valor, es decir, el impuso al grupo de empresas en lo colectivo más que en lo individual, ya que la integración de un sistema de interrelaciones entre las empresas y entre estas y su entorno económico e institucional genera ventajas competitivas que ninguna empresa podría alcanzar por sí sola (Schmitz, 1995).

El mercado por sí mismo no garantiza el surgimiento espontáneo de los sistemas de relaciones entre empresas, pues la suma de los costos de información y coordinación, así como la desconfianza prevaleciente entre los empresarios, impiden valorar los beneficios potenciales de la interacción, la cual se puede traducir en la reducción de costos por la compra de insumos al mayoreo, el acceso a mercados con demandas significativamente mayores, el acceso a innovaciones y tecnologías, el aprendizaje resultado del intercambio de experiencias con otras empresas y la ampliación de la red de clientes, entre otras consecuencias positivas.

Bajo estas formas de integración empresarial se han configurado redes de diversa índole, tales como las verticales, que articulan a grandes empresas con pequeñas y medianas empresas proveedoras, así como las redes horizontales entre empresas pequeñas y medianas para proveeduría y beneficio común. Es imprescindible para Sonora diseñar políticas de fomento a las redes de integración vertical y horizontal bajo esquemas de asociatividad estratégica que potencien las capacidades productivas, pero es importante que estas redes se enfoquen con mayor énfasis en las cadenas de productos de bajo valor agregado, como la de cría de becerro, la de producción hortofrutícola, la de extracción de minerales, la de producción de granos y oleaginosas y la de maderas.

Sonora no puede dejar pasar más oportunidades apostándole a modelos tradicionales que se agotan a medida que los recursos naturales se sobreexplotan. Agregar valor a la producción primaria, por medio de una política de estado que impulse nuevas sinergias entre empresas bajo esquemas de integración vertical u horizontal, es una política urgente para redefinir las capacidades empresariales.

Como mencionamos antes, se requiere promover la creación del Instituto de Valor Agregado, una institución sonorense que diseñe las políticas públicas para la integración empresarial bajo el enfoque de agregar valor a la producción primaria, que impulse y coordine los esfuerzos de las empresas tradicionales para reposicionarlas en los mercados como empresas con mayores ventajas competitivas.

Adicionalmente, en Sonora se requiere de un programa orientado a incentivar las relaciones entre empresas bajo un enfoque territorial que estimule el desarrollo de las capacidades competitivas y disminuya las disparidades inter e intrarregionales, por lo que se propone la implementación de un Programa Sonorense de Integración y Proveeduría Empresarial con recursos públicos y privados para integrar empresas locales en cadenas productivas de alto impacto económico en regiones como la frontera, para apoyar a la industria maquiladora, en la sierra sonorense para apoyo de proyectos con potencial industrial como el bacanora, el queso y algunos dulces regionales, o en las áreas costeras, para apoyo a las industrias acuícolas.

Una acción estratégica importante para Sonora, que contribuiría a fortalecer la cultura empresarial, sería promover la cultura de "hacer empresa" desde el sistema educativo formal, generando un modelo de formación de emprendedores, un modelo integral con apoyo de la Secretaría de Economía y de la Secretaria de Educación y Cultura con al apoyo de las cámaras y organismos empresariales tendiente a incubar empresas con base en los egresados del sistema educativo.

Como una acción específica se podría instituir el programa "Sonora emprende", que tuviera el objetivo de abrir oportunidades para generar espacios que doten de herramientas metodológicas y administrativas a quienes deseen emprender una empresa, con el apoyo de las instancias correspondientes, reforzando la formación emprendedora, el desarrollo y la innovación empresarial. En este espacio se deben impulsar ciclos de conferencias, talleres, paneles de expertos, exposiciones de proyectos incubados adicionados con eventos sociales y culturales y talleres de formación emprendedora con simulaciones de negocios para niños y jóvenes en cada región. La actividad de difusión estaría enfocada en la capitalización de las vocaciones productivas regionales.

Adicionalmente, es importante promover activamente la certificación de calidad de las empresas por medio de esquemas bajo los estándares internacionales ISO que permitan adecuar los procesos administrativos, productivos y comerciales a los nuevos requerimientos de eficiencia y competitividad en un cambiante mundo globalizado. Esta promoción debe apoyarla decididamente el gobierno estatal por medio de incentivos fiscales para beneficio de las empresas sonorenses.

El gobierno del estado debe retomar el programa de certificación de calidad "Sello Calidad Sonora", un modelo que bajo estándares altos permita mantener el posicionamiento de muchos productos y servicios sonorenses de reconocido prestigio nacional e internacional como la carne de res, de puerco, la uva de mesa, el trigo, el bacanora, los lácteos, el camarón, los servicios de hotelería, servicios educativos, de restaurantes, entre otros muchos que distinguen a nuestra entidad. El modelo de Sello Calidad Sonora debe acompañarse de un estímulo y reconocimiento del gobierno estatal para las empresas que asuman el reto y el compromiso de mantener altos estándares de calidad en su producción y servicios.

Conclusiones

En los últimos años Sonora ha dado pasos importantes para moldear un futuro diferente fundamentado sobre bases sólidas. Los esfuerzos y recursos aplicados en desarrollar infraestructura para el desarrollo, la decidida política de atracción de inversiones para crear y fortalecer empresas en territorio sonorense, así como la política de estímulo a las inversiones de empresarios sonorenses en sectores como la construcción o el turismo coadyuvan a fortalecer los capitales estatales, precondición para un crecimiento sostenido de la economía. Sin embargo, pese a que el camino está allanado, el trabajo es aún insuficiente y es necesario plantear nuevos proyectos, nuevos programas y acciones estratégicas que den continuidad a este esfuerzo, reorganizando la producción en torno a actividades de amplio impacto económico y social y cuidando que no se vulnere el medio ambiente.

Este documento pone a consideración del lector una serie de propuestas económicas con una visión de largo plazo para reordenar la economía sonorense a partir de un marco teórico que se sustenta en dos grandes ejes: por un lado, la economía del conocimiento, que rompe los esquemas tradicionales que utilizan factores de la producción como capital y trabajo y los enriquecen con conceptos como capital humano, tecnología e información, como aspectos relevantes de la inserción de las economías nacionales en los mercados globales, y en los que se prioriza la inversión de recursos en la generación, distribución y utilización del conocimiento. Por otro lado, el eje teórico del desarrollo local, que considera que las localidades y los territorios tienen un conjunto de recursos y de economías de escala no explotadas, mismos que constituyen su potencial de desarrollo, para lo cual se define el proceso de desarrollo económico local como un proceso de crecimiento y cambio estructural que, mediante la utilización del potencial de desarrollo existente en el territorio, conduce a elevar el bienestar de la población de una localidad.

Este marco teórico se acompaña de una serie de prioridades que deberán trabajarse bajo la perspectiva de alcanzar un crecimiento del PIME sostenido y reducir los rezagos que prevalecen en la economía estatal. La generación de empleos es, sin duda, la principal preocupación de los sonorenses. Por ello, el crecimiento económico se vuelve una prioridad, pues es necesario atender la incorporación de la fuerza laboral que está lista para trabajar año con año, además de la fuerza laboral que de manera rezagada no se ha incorporado a un trabajo formal. Esta generación de empleos debe acompañarse de un programa de capacitación, entrenamientos y formación cultural para que todos accedan a un empleo digno, entendido este como el respeto a la dignidad humana del trabajador. En Sonora esta se debe traducir en promover la creación de empleos de buen nivel y que generen ingresos dignos para alcanzar niveles adecuados de bienestar.

Independientemente de la pobreza que se genera por la incapacidad del gobierno federal para plantear políticas efectivas para combatir la pobreza y la marginación, Sonora debe proponerse políticas y acciones decididas para reducir esta situación, con objetivos claros y factibles. En este documento se plantea un programa para erradicar la pobreza extrema alimentaria en Sonora como una meta con acciones que fortalezcan los mecanismos de apoyo a los grupos prioritarios tanto en el sector urbano como en el rural, y en el que se priorice a los campos de la salud, la nutrición, el empleo y la educación, con atención especial a la niñez, a la juventud, a las mujeres cabezas de familia y madres menores de edad, a las comunidades indígenas, a los trabajadores migratorios y sus familias, a los grupos de la tercera edad, a las personas con discapacidad y a otros grupos sociales como las personas en situación de calle.

El reto de erradicar la pobreza extrema alimentaria es factible de lograr si el gobierno estatal está en condiciones de fortalecer a la autoridad estatal en materia social y desarrollar mecanismos eficaces de coordinación interinstitucional, descentralizando y asignando recursos con mayor autonomía e implementando un programa de abasto alimentario que permita la distribución de alimentos a todos los rincones del territorio estatal, acompañado de esquemas de capacitación y desarrollo de los recursos humanos que operan los programas de distribución y abasto, utilizando los sistemas de información apropiados y aplicando las metodologías e instrumentos de focalización, seguimiento y evaluación, atendiendo particularmente las acciones con los grupos en situación de pobreza, vulnerabilidad o discriminación y reconociendo la heterogeneidad de la pobreza y su multicausalidad para diseñar políticas diferenciadas e integradas que consideren las especificidades locales.

El gobierno del estado debe trabajar de manera prioritaria en el incremento del equipamiento y el desarrollo de la infraestructura regional, promoviendo activamente la creación de parques para PYMES no sólo como una estrategia de reordenamiento industrial, sino también para potenciar las capacidades productivas de la entidad. Los parques industriales podrán ser temáticos, atendiendo a las vocaciones regionales, y tener componentes de soporte tecnológico y científico, con el objetivo de generar espacios para el desarrollo de innovaciones y para impulsar los encadenamientos productivos que agreguen valor real a la producción primaria de la entidad.

Adicionalmente es urgente trabajar en el desarrollo y mejoramiento de la infraestructura de abasto de agua y tratamiento de aguas residuales, temas de enorme controversia pública en los últimos años. Sonora tiene cada vez mayores problemas para el abasto de agua suficiente y de calidad, por lo que es importante que el gobierno del estado, en estrecha colaboración con los municipios y con apoyos de la federación, impulse un programa de abasto, con una visión de largo plazo, que dé solución a la población. Lo anterior requiere del compromiso y concurrencia de los tres niveles de gobierno para establecer una agenda de trabajo que tenga por objetivo garantizar una cantidad y calidad suficiente de agua para soportar el crecimiento poblacional y satisfacer los requerimientos de la industria establecida en Sonora.

El impulso a la vocación productiva de las regiones requiere del diseño e instrumentación de una agresiva política de promoción económica y social de las regiones y municipios. Es decir, se debe ejecutar una política económica diferenciada por regiones atendiendo a sus necesidades y características propias y profundizando en la promoción de la inversión y el comercio exterior. Adicionalmente, se propone la creación de un programa maestro alimentario para Sonora que provea de seguridad alimentaria y contribuya a la reducción de precios de los alimentos, a fin de generar nuevas oportunidades a grupos vulnerables de la sociedad por su condición de pobreza y marginación. Los ejes de este programa deben girar sobre las necesidades de agregar valor a sus cadenas productivas más importantes, como respuesta a las tendencias del mercado agroalimentario global. Además, debe trabajarse en esquemas de fortalecimiento de las cadenas de valor, mismas que requieren de instrumentos que promuevan una integración eficiente entre empresas MIPYMES y grandes empresas, así como entre empresas sonorenses y empresas foráneas, con el propósito de crear nuevas oportunidades y nuevas fortalezas que redunden en mayor competitividad regional.

El reordenamiento de la economía en algunos sectores a través del desarrollo de clusters debe ser visualizado como una política efectiva, eficiente y competitiva. El caso del cluster de la ganadería en Sonora es un ejemplo claro de que es posible generar sinergias importantes que conciertan intereses, donde el gobierno formula las políticas públicas y los espacios de desarrollo y el sector empresarial asume con fuerza y responsabilidad el compromiso y la identidad con las regiones donde se inserta. El objetivo debe ser inducir un crecimiento económico que permea a toda la comunidad los beneficios del desarrollo del cluster. En este documento se plantea el impulso a los clusters de minería, de turismo rural y del sector alimentario, por el potencial que representan para la entidad.

El desarrollo de clusters debe trabajarse bajo la dirección de un organismo público descentralizado de la Secretaría de Economía que hemos denominado Instituto Sonorense de Valor Agregado, mismo que tendrá como objetivo impulsar y coordinar los esfuerzos de las empresas del sector primario que deseen reestructurar procesos para la incorporación de desarrollos científicos y tecnológicos que agreguen valor a su producto, pero que además puede proveer de servicios de análisis y búsqueda de mercados, detectando los nichos de oportunidad y sugiriendo, impulsando y gestionando el financiamiento para realizar las adecuaciones tecnológicas y científicas que posicionen los productos desarrollados en los nuevos mercados detectados.

En este documento se propone también un programa de impulso a las MIPYMES desarrolladoras de productos regionales, bajo un modelo probado que permite generar una denominación de origen para proteger la autenticidad, calidad e identidad de tantos productos sonorenses, que incorpora al mismo tiempo la gestión de una norma oficial mexicana y la creación de un consejo regulador que verifica y hace cumplir la normatividad vigente. De esa manera se protege el producto contra productores de otras regiones que se quieran beneficiar del prestigio creado por los productores originales.

El impulso a la investigación científica, tecnológica y la innovación son aspectos que no habían sido considerados hasta hace unos pocos años, cuando fueron incorporados en la agenda de la política económica estatal. De ello se deriva la necesidad imperiosa de diseñar políticas económicas de avanzada, como son la economía del conocimiento apoyados en el desarrollo de la ciencia, la tecnología y la innovación, que permitan pasar de la *manufactura a la mentefactura*, es decir, de una producción cuyo principal componente es la mano de obra con baja calificación y capacitación, a una economía en donde el trabajador más importante y productivo es el que usa su mente, su conocimiento.

En este documento se trazan las líneas para que Sonora se diseñe un rumbo, una dirección de largo plazo, en donde el conocimiento y el capital humano sean precondiciones para lograr un desarrollo sustentable. Para lograrlo es necesario sembrar la semilla en los niños y jóvenes sonorenses, estimulando la creatividad y la inventiva por medio de programas educativos que impulsen las capacidades de aprendizaje y detecten desde temprana edad a las mentes con talentos especiales, que creen la base de una nueva generación de especialistas en ramas fundamentales de la ciencia y la tecnología.

Este impulso a la investigación científica y tecnológica debe acompañarse de un programa de transferencia de tecnología a sectores productivos que permita potenciar las capacidades productivas de las regiones e impulsar la competitividad estatal, promoviendo la creación de Centros Estatales de Investigación que desarrollen ciencia, tecnología e innovación, vinculados estrechamente con los sectores productivos. Adicionalmente, debe trabajarse en programas para fomentar la administración de la propiedad industrial, para proteger las innovaciones por medio del registro de patentes y marcas.

Se propone la instrumentación de un programa de educación para estudiantes con habilidades especiales y con vocación empresarial, como el que se impulsa exitosamente en Estados Unidos, ya que brinda a estudiantes con capacidades sobresalientes una educación adecuada a sus necesidades para que alcancen su verdadero potencial. Este modelo debe fundamentarse sobre la base de que hay estudiantes superdotados y talentosos en cada grupo escolar y debido a que este grupo especial está distribuido por igual en la población, el grupo de estudiantes destacados debe ser representativo de toda la población escolar. Este programa debe acompañarse de mejores oportunidades y el apoyo de aprendizaje extraescolar para los estudiantes por medio de estímulos y apoyos a los padres, los maestros y las escuelas de la entidad.

Un aspecto sumamente relevante de la agenda de política económica estatal debe ser el fomento a la cultura empresarial para crear espacios de participación y desarrollo de empresas, fomentando el apoyo a las pequeñas y medianas empresas y estimulando el desarrollo de capitales sonorenses, incentivando la formalización de las empresas informales con esquemas tributarios simplificados e impulsando políticas de integración y formación empresarial que agreguen valor a la producción primaria y orienten e incentiven las relaciones entre empresas bajo un enfoque territorial que estimule el desarrollo de las capacidades competitivas y disminuya las disparidades inter e intrarregionales.

El camino por recorrer en Sonora es largo porque, a pesar de los esfuerzos, todavía prevalecen rezagos y diferencias entre sectores y entre regiones al interior del estado. Diferencias que motivan a profundizar los cambios y a diseñar: 1) políticas económicas que impacten favorablemente los sectores con más posibilidades de desarrollarse, 2) políticas y acciones estratégicas que agreguen valor a la producción primaria, 3) programas de gobierno que reduzcan y eliminen la pobreza y la marginación mediante la combinación del asistencialismo social con esquemas de incrementos a la productividad, 4) políticas económicas que propicien una integración de las cadenas de valor, apoyándose en los desarrollos científicos, tecnológicos y las innovaciones de los científicos locales, conocedores de la problemática estatal.

Esperamos que este trabajo logre el objetivo de sintetizar una serie de propuestas de trabajo en materia económica, de acciones estratégicas, de políticas y programas factibles de impulsarse. El punto de partida es el reconocimiento a los rezagos que aun prevalecen y están más allá de las voluntades de los gobernantes porque obedecen a inercias macroeconómicas, pero que se pueden mitigar con políticas precisas, con acciones concretas y con programas visionarios que, procurando resultados inmediatos, fortalezcan a Sonora en el largo plazo. Políticas económicas que permitan incrementar la competitividad y al mismo tiempo contribuyan a reducir la pobreza y la marginación.

Se ha avanzado mucho en los últimos años, pero la sociedad sonorense no puede darse tregua en su esfuerzo, es necesario promover acciones estratégicas que coadyuven en la asistencia a las familias y grupos vulnerables de la sociedad como los niños, ancianos y grupos étnicos, pero que genere una productividad creciente para sobrellevar las transferencias a los más necesitados; políticas económicas que incentiven la atracción de inversiones externas, pero que establezcan encadenamientos con empresas locales, con el fin de fortalecer su inserción en las grandes cadenas internacionales; políticas que generen una creciente riqueza económica, pero acompañada de un desarrollo equilibrado, promotor del bienestar social; políticas que se sustenten en la macroeconomía para producir sinergias en la microeconomía, en las cuentas de los empresarios y en los ingresos de las familias.

Esperamos poder contribuir con este modesto esfuerzo y con los conceptos aquí planteados a un debate social, un debate plural e incluyente sobre las prioridades económicas para Sonora y también a trazar líneas de acción para la definición de la política económica para Sonora con una visión de futuro y con propuestas de largo plazo.

Bibliografía

Banco Mundial (2004) La Pobreza en México. Una evaluación de las Condiciones, las Tendencias y las Estrategias del Gobierno, Banco Mundial, México.

Camberos C. Mario (2008) La pobreza regional de Sonora de cara al siglo XXI, *Sonarida*, SEC-Sonora Comisión Sonora-Arizona, Hermosillo, Son., pp. 21-24.

Camberos C., Mario y J. Bracamontes, N. (2007) "Marginación y políticas de desarrollo social: un análisis regional para Sonora, *Problemas del Desarrollo*", vol. 38, núm. 149, abril-junio, UNAM, México, pp. 113-136.

Camberos C., Mario, J., Yáñez V. y Dulce A. Borrego (2005) "Niveles de pobreza en Sonora en los albores del siglo XXI", *Boletín de los Sistemas Nacionales Estadístico y de Información del INEGI*, año I, núm. 2, septiembre-diciembre, pp. 4-20.

Conapo (2001a) Patrones de Continuidad y Cambio de la Migración hacia Estados Unidos, Consejo Nacional de Población, México, pp. 19-28.

Conapo (2001b) Migrantes Mexicanos en Estados Unidos, Consejo Nacional de Población, México, *Boletín*, año 5, núm. 15.

Coneval (2005) Consejo Nacional de Evaluación de la Política de Desarrollo Social, México, D.F.

Ducci, María Angélica (1997) "El enfoque de competencia laboral en la perspectiva internacional", en OIT, *Formación basada en competencia laboral*, Montevideo, Cinterfor/OIT.

ENIGH (2005) Encuesta Nacional de Ingres y Gasto de los Hogares, Instituto Nacional de Estadística, Geografía e Informática, México.

Fukuyama, Francis (1996) "Capital social y economía global", *Este País*, núm. 59, febrero.

Fundación Este País (2006) "La brecha digital, más que chips y banda ancha", México.

Fundación Friedrich Naumann Stiftung (2005) México ante el Reto de la Economía del Conocimiento. Resultados Nacionales y por Entidad Federativa, México, Fundación Este País.

Global Competitiveness Report (2005-2006) World Economic Forum, Geneva, Switzerland.

Hernández, María del Carmen, Alba Celina Soto y Miguel Ángel Vázquez (2008) "Impacto subregional del TLCAN. Sonora en el contexto de la frontera norte", *Frontera Norte*, vol. 20, núm. 40, julio-diciembre.

INEGI (2005) Segundo Conteo de Población y Vivienda, Instituto Nacional de Estadística, Geografía e Informática, México.

Inmujeres (2005) "Pobreza, género y uso del tiempo", *Boletín*, diciembre, p. 739i.

Martin, Philip (2002) Mexican Workers and U. S. Agriculture: The Revolving Door, *The International Migration Review*, vol. 36, núm. 4.

Molina, Alfredo, Héctor Robles y Rolando Fuentes (2006) *La economía basada en el conocimiento. Las condiciones de los estados mexicanos*, México, Centro de Estudios Estratégicos, ITESM, Campus Guadalajara.

Montesinos, Rafael (1995) "Mitos y miserias de la cultura empresarial", *El Cotidiano* 73, noviembre-diciembre.

Núñez Noriega, Luis (2001) *La producción de mezcal bacanora: una oportunidad económica para Sonora*, México, CIAD.

Núñez Noriega, Luis (coord.) 2004. *Estrategias para el desarrollo de la industria del bacanora*, México, CIAD.

Núñez Noriega, Luis, Vidal Salazar Solano y Evelia Acedo Félix (2008) *El bacanora: cultivo, regulación y mercado*, México, CIAD.

OCDE (1996) The Knowledge Based-Economy, OCDE/GD (96) 102, p. 11.

OCDE (2002) "Reviewing the ICT Sector Definition: Issues for Discussion", *Working Party on Indicators for the Information Society*, Estocolmo 25-26 de abril.

Orellana G., Sofía (2000) "El incipiente cluster minero Chileno" Area Minera, Sociedad Minera Tote, Santiago de Chile.

Osterhaus, Juliane (1999) *Gender und Projektmanagemen*t (Género y Administración de Proyectos) Deutsche, Gesellschaft für Technische Zusammenarbeit, Eschborn.

Pírez, Pedro (1995) "Actores sociales y gestión de la ciudad" C*iudades* México, RNIU, núm. 25, octubre-diciembre.

PNUD (2001) Informe sobre el Desarrollo Humano. Poner el Adelanto Tecnológico al Servicio del Desarrollo Humano, Mundi Prensa, Nueva York.

Porter, Michael E. (1985) *Competitive Advantage: Creating and Sustaining Superior Performance*, The Free Press, Division of Macmillan, Nueva York.

Porter, Michael E. (1990) *The Competitive Advantage of Nations*, The Free Press, Division of Macmillan, Nueva York.

Ramírez, José Carlos (1991) *Hipótesis sobre la historia económica y demográfica de Sonora en la era contemporánea del capital* (serie Cuadernos de Trabajo) El Colegio de Sonora, México, pp. 41-62.

Robles Peiro, Héctor, Alfredo Molina Ortiz y Rolando Fuentes Bracamontes (2005) *La Economía basada en el conocimiento. Las condiciones de los estados mexicanos* (2a. ed.) México, ITESM.

Sáez Vacas, Fernando (1996) "Nuevos paradigmas empresariales y tecnológicos. Innovación, modelos sociotécnicos y groupware", *Telos* 44, Madrid.

Salazar, Vidal (2004) La industria del bacanora: potencialidades para una estrategia de desarrollo local (tesis de doctorado) México, UABC.

Salido, Patricia L., Migdelina López y Noemí Bañuelos (2003) "El turismo internacional en Sonora. Características e iniciativas para su desarrollo", *El Mercado de Valores*, Año LXIII, núm. 1, enero (edición en español, Nacional Financiera) pp. 52-58.

Sedesol (2002) Evolución y Características de la Pobreza en México durante la Última Década del siglo XX, México, Secretaría de Desarrollo Social, cuadro 2, p. 15.

Schmitz, Hubert (1995) "Collective Efficiency: Growth Path for Small-scale Industry", *Journal of Development Studies* 31 (4) 529-566.

Sen, Amartya (1999) *Development as Freedom*, Oxford University Press, Oxford.

Solow, Robert (1976) *La teoría del crecimiento*, Fondo de Cultura Económico, México.

Solow, Robert (1956) "A Contribution to the Theory of Economic Growth", *Quarterly Journal of Economics* 70 (1) febrero.

Stiglitz, Joseph E. (2002) *Globalization and its Discontents*, Nueva York, W.W. Norton, pp. xxii y 282.

Vázquez Barquero, Antonio (2000) "Desarrollo Endógeno y Globalización", *Eure*, diciembre, vol. XXVI, núm. 79, Pontificia Universidad Católica de Chile, Santiago.

Vázquez, Miguel Ángel (1988) *Los grupos de poder económico en Sonora*, Universidad de Sonora, México.

Wong, Pablo (1996) "La reestructuración secto-espacial en Sonora: una tipología regional", en Miguel Ángel Vázquez Ruiz (comp.) *Las Regiones ante la globalidad*, Gobierno del Estado de Sonora/Unison, pp. 87-115.

Yagüe, Rosa María (2002) "Rural Tourism in Spain", *Annals of Tourism Research* 29, pp. 1101-1110.

Páginas electrónicas

www.sonora.gob.mx/biblioteca/documentos/pmp/programaempleo.pdf

www.contactopyme.gob.mx/parques/index.html

La economía de Sonora
Una propuesta con visión de largo plazo
se terminó de imprimir en abril de 2010,
en los talleres de Master Copy, S. A. de C. V.
Av. Coyoacán núm. 1450,
colonia Del Valle, delegación Benito Juárez,
C.P. 03220, México, D.F.
Tiraje: 1 000 ejemplares.